모비딕 읽·기·의·즐·거·움

진실을 말하는 위대한 기예

e시대의 절대문학

모비딕 읽·기·의·즐·거·움
진실을 말하는 위대한 기예

| 신문수 | 멜빌 |

살림

e시대의 절대 문학을 펴내며

자고 나면 세상은 변해 있다.
조그마한 칩 하나에 방대한 도서관이 들어가고
리모콘 작동 한 번에 멋진 신세계가 열리는
신판 아라비안나이트가 개막되었다.
문자시대가 가고 디지털시대가 온 것이다.

바로 지금 한국은, 한국 교육은,
그 어느 시대보다 독서의 당위성을 강조하고 있다.
지난 시대의 교육에 대한 반성일 것이다.
그러나 문자시대가 가고 있는데,
사람들은 디지털시대의 문화에 포위되어 있는데,
막연히 독서의 당위를 강조하는 일만으로는
자칫 구호에 머물고 말 것이다.

지금 우리는 비상한 각오로, 문학이 죽고
우리들 내면의 세계가 휘발되어버린 이 디지털시대에
새로운 문학전집을 만들고자 꿈꾼다.
인류의 영혼을 고양시켰던 지혜롭고 위엄 있는
책들 속의 저 수많은 아름다운 문장들을 다시 만나고,
새로운 시대와 화해할 수 있는 방법론적 독서를 모색한다.

'e시대의 절대문학'은
문자시대의 지혜를 지하 공동묘지에 안장시키지 않고
디지털시대에 부활시키는 분명한 증거로 남을 것이다.

발행인 심 만 수

| 차례 |

e시대의 절대문학을 펴내며   5

1부 | 허만 멜빌

1장 프롤로그
멜빌 문학과 『모비딕』   12
『모비딕』의 현재성   18

2장 시대 배경과 문학 세계
시대 배경   26
멜빌의 삶과 문학 세계   33

3장 작품론
『모비딕』의 탄생   68
모비딕 개관   76
주인공·인물들   86
중요 사건과 주제   97
구조·기법·문체   111

모비딕 읽·기·의·즐·거·움
Moby Dick

4장 영향과 의의

『모비딕』의 문학사적 위상 … 120
수용과 평가 … 123
대중문화 속의『모비딕』… 129

2부 | 리라이팅

모비딕 … 134

3부 | 관련서 및 연보

『모비딕』관련서 … 198
허만 멜빌 연보 … 204

1 허만 멜빌

Herman Melville

멜빌의 독자들은 낯선 타자의 세계에 대한 선입관을

이야기를 통해 확인하고자 했다. 그러나 멜빌은 독자들이 요구하는

이러한 자기최면적 유희에 동참하길 거부했다.

그는 그들이 요구하는 사실이 길들여진 인식

혹은 인습화된 사고에 불과하다는 것을 깨달았기 때문이다.

그리하여 멜빌은 수많은 여행기, 답사기, 선교보고서, 항해기 등

이른바 사실의 이야기들이 문화적 이데올로기로 채색된 것임을

고발하면서 '탈색된 진실'을 찾고자 노력하였다.

그에게 문학은 무엇보다 '숲 속의 신비한 흰 사슴처럼'

달아나버리는 진실의 탐구였다. 독서대중과의 이러한 갈등으로 인해

그는 사후 30년이 지난 1920년대에 『모비딕』의 재발견이 이루어질 때까지

긴 망각의 늪에 묻혀 있지 않으면 안 되었다.

1장 — 프롤로그

Herman Melville

멜빌 문학과 『모비딕』

걸작의 탄생

　『모비딕』은 일상적 리얼리즘 소설에 친숙한 독자들에게는 분명 기이하고 낯선 소설이다. 우선 낯설다 할 수 있는 바다를 무대로 한 해양소설이라는 점에서 그렇고, 오늘날 거의 잊혀진 포경업을 소재로 하고 있다는 점에서도 그렇다. 소설의 인물들 또한 범상하지 않다. 선원들 상당수가 낯선 이방인들이거나 사회의 변방을 떠도는 '배교자'와 '버림받은 유랑자'들이고 이들을 지휘하는 선장 또한 그리스 비극에나 등장함직한 격정의 일념에 젖어 있는 기이한 인물이다.

　뿐만 아니라 소설에 제목을 제공한 고래는 태평양의 고래잡이 선원들에게는 이미 공포의 대상으로 신화화된 거대한 흰 고래이다. 이처럼 『모비딕』은 일상의 세계로부터 멀리 벗어나 있다. 그러나 『모비딕』은 낯선 이국정서로 독자를 매혹시키고자 하는 소설은 결코 아니다. 『모비딕』을 세계 10대 소설의 하나로 꼽으면서 영국의 소설가 서머셋 모옴(W. Somerset Maugham)은 그것을 기이하면

허만 멜빌 초상화. 조셉 오리엘 이튼(Joseph Oriel Eaton) 그림(1870).

서도 또한 독창적이고 감동적인 소설이라고 평했다. 『모비딕』은 세인의 기억으로부터 작가의 존재를 거의 완전히 지웠다가 사후 한 세대가 지난 다음에야 그를 위대한 작가로 부활시킨 기폭제가 된 소설이다. 이 극적인 부활의 원동력은 결국, 모옴이 시사한 대로 소설의 심오한 독창성, 삶에 대한 깊은 통찰력, 그리고 무엇보다 생동감이 넘치는 언어에 있다.

『모비딕』에 이르는 작가 멜빌의 소설적 이력은 사실 동시대 독자들을 사로잡고 있던 이 끈질긴 소재주의의 미망으로부터 벗어나기 위한 노력으로 요약될 수 있다. 그는 당대의 백인들에게 식인종으로 알려진 남태평양 마키저스 군도의 타이피 족과 잠시 함께 지냈던 체험을 다룬 작품, 『타이피』로 문학의 세계에 입문했다. 그러니 『디이피』와 역시 폴리네시

아의 편력의 체험을 다룬 『오무』의 성공은 그에겐 평생의 족쇄가 되었다. 독자들에게 "식인종들과 함께 살았던 사람"으로 각인되었기 때문이다. 그는 자신의 재능을 자각하면서부터 이국정서를 탐하는 독자의 기대 지평을 무너뜨리는 작품을 쓰고자 했다. 그러나 그 첫 시도라고 할 수 있는 『마디』에 대한 독서계의 반응은 냉담했다. 그는 글쓰기로 생계를 유지하지 않으면 안 되었던 어려운 처지로 인해 다시금 대중의 취향에 영합하는 글쓰기로 돌아가지 않을 수 없었다. 그런 갈등 속에서 『레드 번』과 『화이트 재킷』이 씌어졌다. 멜빌은 두 소설을 자신의 문학적 이념을 배반한 것으로 간주하고 평생 폄하했다.

멜빌 문학을 가로막은 문학 시장의 벽은 무엇이었는가? 거기에는 무엇보다 '사실'을 보는 시각의 문제가 있다. 멜빌의 독자들은 미지의 세계에 대한 동경을 사실의 이름으로 요구했다. 그들은 낯선 타자의 세계에 대해 그들이 지니고 있던 선입관을 여행기, 답사기, 선교보고서, 항해기 등 이른바 '사실의 이야기들(narrative of facts)'이 확인해주기를 바랐다. 멜빌은 독자들이 요구하는 이러한 자기 최면적 유희에 동참하길 거부했다. 그는 그들이 요구하는 사실이 길들여진 인식 혹은 인습화된 사고에 불과하다는 것을 깨달았기 때문이다. 그는 문학은 문화적 이데올로기로 채색된 이런 허위적 사실이 아닌 '숲 속의 신비한 흰 사슴처럼' 달아나버리는 진실을 추구해야 한다고 생각하였다.

사실과 상상의 변증적 소설 미학

『모비딕』은 독자들의 호응을 받지 못하더라도 이런 자기 진실의 부름에 충실한 예술의 길을 가려는 작가적 결의의 소산이다. 멜빌에게 소설은, 『모비딕』 집필 도중에 쓴 「호손과 그의 이끼」라는 에세이에서 천명한 대로, "진실을 말하는 위대한 기예"로 다가온 것이다. 『모비딕』은 이 같은 소설의 정의를 사색하고, 탐구하고, 실천한 결과물이다. 그럼으로써 그는 평범한 여행 문학가에서 대작가로 성장한다. 『모비딕』은 바로 그 성장의 기록이다.

『모비딕』의 세계는 풍요하면서도 경이롭다. 그것은 무엇보다 삶의 총체적 진실에 이르고자 하는 멜빌의 작가적 의지에서 기인한다. 그는 삶의 온갖 양태를 경이의 눈으로 바라보고 그 의미를 탐구한다. 소설이 과시하는 고래와 고래잡이에 대한 백과사전적 만화경도 작가의 왕성한 탐구욕과 파우스트적 앎에의 욕망 덕분이다. 거기에는 고래의 종류와 생태, 몸체와 그것의 기능 등 고래에 대한 온갖 양태의 탐구가 있고, 고래잡이 장비, 방법, 역사, 및 고래 기름의 정제과정에 관한 상세한 설명이 있다.

따라서 『모비딕』에서도 이색적인 세계에의 매혹이 없다 할 수 없다. 그러나 작가는 그 매혹에 함몰되지 않는다. 그는 눈에 보이는 현상을 꼼꼼히 관찰하면서도 그 세계의 배후를 응시한다. 그리하여 사실은 세계에 대한 통찰 혹은 삶의 진실을 탐구하고 피력하는 계기로 작용한다. 사실은 해석을 부르고, 해석은 사실을 되새김으로써 호소력을 얻는다. 요컨대 『모비딕』은 사실의 세계와 상상의 세계의 변증적 지양으로 삶의 총체적 진실을 현시하는 소설 미학의 소산이다. 이런 자신의 소설 미학을 정립하면서 그 어느 때보다도 자신의 작가적 재능을 확신하였기에 멜빌에게 『모비딕』의 집필은 고통스러우면서도 창조적 희열로 충만된 것이었다.

『모비딕』 이후의 멜빌의 삶은 내면적으로는 자신만의 문학 세계를 창조한 데 대한 자부심과 열정으로 충일한 것이었지만 외부적으로는 독자들로부터 점점 고립되어가는 고통스러운 것이었다. 『모비딕』에 대한 독자들의 반응은 차가웠다. 심혈을 기울여 쓰고, 그래서 스스로 걸작으로 자부한 작품이지만 처음부터 독자들의 취향과 거리를 둔 것이었기에 그들의 몰이해는 어느 정도 예상한 것이었다. 그럼에도 불구하고 멜빌은 『모비딕』에 대한 적대적인 평가에 그 어느 때보다도 예민하게 반응했다. 특히 이제까지 그를 후원해 왔던 뉴욕 문학계의 부정적인 비판은 심리적으로 큰 타격을 주었다. 이로 인한 소외감과 울분은 그를 더욱 반시대적인 작가로 몰아갔다. 그는 집필 중이던 『피에르』의 주인공을 작가로 변모시키고 그의 재능을 알아보지 못하는 독서계와 출판계를 조소하는 내용을 삽입하였다.

그러나 멜빌의 이런 냉소적 태도는 그의 작가적 평판에 치명타가 되었다. 한 서평자는 이렇게 경고하였다: "멜빌은 제자리로 돌아가야 한다. 그는 벼랑 끝자락에서 비틀거리고 있다. 『피에르』와 같은 또 다른 충격이 있으면 이제까지 그가 어렵사리 쌓아올린 명성은 허물어지고 말 것이다."

유감스럽게도 이 경고는 현실로 나타났다. 피에르가 겪는 독자의 상실, 그로 인한 좌절감과 소외감, 작가적 신념의 상실은 빠른 속도로 멜빌 자신의 부정할 수 없는 현실이 되어갔다. 급기야『사기꾼』에 이르러 그는 책을 출판해줄 출판사도 찾기 어려울 정도가 되고 말았다. 이 절망적인 상황은 그로 하여금 『사기꾼』을 끝으로 끝내 소설쓰기를 단념하게 만들었다. 이 때 그의 나이는 겨우 38세였다. 첫 작품 『타이피』를 출판한 지 11년 만이었다. 그로부터 35년의 생과 사후 30년이 지나 1920년대에 『모비딕』이 재발견될 때까지 그는 긴 망각 속에 묻혀 있었다. 운명의 낭비자로부터 위대한 예술가로 화려하게 부활한 그의 작가적 삶은 유례를 찾기 힘든 문학사적 드라마라 할 것이다.

『모비딕』의 현재성

미국문학의 정전으로서의 『모비딕』

 노벨상을 수상한 흑인 여류작가 토니 모리슨(Toni Morrison)은 1980년대 말, 한 강연에서 19세기 미국문학에서 '백색의 이데올로기화'를 인식하고 그것의 증언에서 자기 진실의 길을 발견한 유일한 작가로 멜빌을 꼽고 소외를 무릅쓴 그의 진실 추구의 의지와 용기를 높이 기린 바 있다. 멜빌에 대한 모리슨의 이와 같은 상찬은 인종, 계급, 성 혹은 성관습에 대한 새로운 시각에 입각하여 문학 정전이 재검토되고 있는 오늘날에도 그가 여전히 강한 호소력을 지닌 작가임을 말해주고 있다. 탈중심적인 현금의 비평적 감수성에 의하여 새롭게 조명되고 있는 그의 문학 세계는 모더니즘의 프리즘을 통해 19세기 미국

문학을 대표하는 대작가로 급작스럽게 우리에게 다가왔던 금세기 전반기의 그것과는 물론 사뭇 다른 모습이다.

1920년대의 극적인 '부활' 이후, 그의 숭배자들이 그려낸 그의 초상은 근본적으로 '존재론적 영웅학(ontological heroics)'에 골몰한 형이상학적 탐구자였다. 세속적 삶으로부터 초연한 고독한 예술가로서의 멜빌의 이미지는 특히 그의 정전화에 결정적으로 기여한 매씨슨(F.O. Matthiessen)의 『미국의 르네상스』(1941) 이후 급증한 그의 애독자들의 경외심의 근거이기도 하다. 이처럼 그의 부활을 주도한 초창기의 독자들은 『모비딕』을 시대를 앞질러 그들의 문학적 감수성을 자극한 선구적인 작품이자, 작가의 독창적 상상력의 표상이요, 19세기 미국문학을 세계문학의 반열로 끌어올린 고전으로 상찬하였다.

『모비딕』의 이런 문학사적 위상은 오늘날까지도 변함이 없다고 해야 할 것이다. 물론 시대의 변화에 따라 멜빌의 초상도 달라졌고, 그와 더불어 『모비딕』의 이미지도 변모를 거듭해왔다. 그러나 우리의 삶

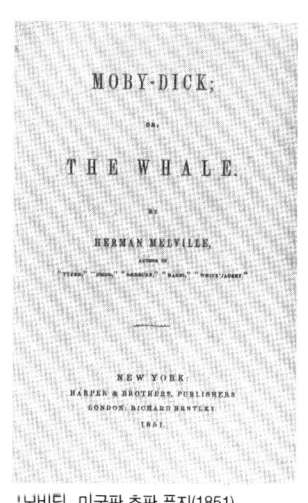

『모비딕』 미국판 초판 표지(1851).

과 시대를 이해하는 뛰어난 길잡이로서 멜빌의 작가적 위치나 『모비딕』의 호소력만은 여전하다. 예컨대 1994년 비평가 젤런(Myra Jehlen)이 '신세기 시각(New Century Views)' 총서의 멜빌 편을 편집하면서 미국현대문학회(MLA)의 연구서지 목록에 실려 있는 멜빌 항목과 동시대의 여성 작가 스토우(Harriet Beecher Stowe) 및 흑인 작가인 더글러스(Frederick Douglass)의 항목을 비교한 바 있는데, 미국에서 정전 개편 운동이 본격화된 1970년대 이후 스토우와 더글러스에 관한 비평적 관심이 비약적으로 증가하는 추세 속에서 멜빌에 대한 비평적 조명은 큰 변화 없이 지속되고 있는 것으로 확인한 바 있다.

미국 문학계의 정전 논쟁의 주 표적이 백인·남성·중산층 출신 작가들의 작품이었고, 멜빌은 여러모로 가장 먼저 그 표적이 될 만한 작가이지만, 그는 문학을 보는 입장이 사뭇 달라진 상황 속에서도 여전히 미국문학의 중심 무대를 차지하고 있는 것이다.

모비딕의 지속적 호소력

1970년대 이후 고창된 정전 개편의 요구 속에서도 『모비딕』이 여전히 강한 호소력을 지닌 고전으로 남아 있는 것을 어떻게 설명할 수 있을까? 실증적 연구가들에 의해 밝혀진 멜빌에 대한 전기적 사실과 이를 바탕으로 역사적 컨텍스트에서 그의 문학 세계를 재조명한 최근의 연구가들은 그가 당대의 사회적 현실에 대단히 예민하게 반응한 작가였음을 발견하고 있다. 이들이 그려낸 멜빌은, 발자크와 디킨즈 혹은 스탕달과 도스토예프스키 등 19세기의 뛰어난 소설가들이 그러했던 것처럼, 당대 부르주아 사회를 비판하면서도 시대의 정서 구조에 깊숙이 뿌리박고 있는 작가로 나타나고 있다. 그의 문학은 그러므로 그가 살았던 19세기 중엽의 미국의 정치적·경제적·사회적 현실에 대한 탁월한 문학적 증언이자 비판이다.

멜빌이 현시하는 삶의 체험과 예술의 이와 같은 변증적 관계를 살핌으로써 우리는 노예제, 인종 차별, 혹은 팽창주의와 같은 당대의 가장 중요한 사회적 이슈들에 대한 한층 심화된 시각을 갖게 되었다. 뿐만 아니라 『모비딕』은 인식과 이데올로기의 관계, 언어와 소설의 형식에 스며 있는 정치적 무의식, 관리화된 산업자본주의 사회 속의 물화된 인간관계 등과 같이 오늘을 사는 우리들에게 절실한 문제에 대해서도 성찰할 기회를 제공한다.

어떤 작품이 걸작으로 여겨지는 것은 뛰어난 상상력의 소산이거나, 보편적인 진실을 제시하거나, 남다른 미적 즐거움을 제공하기 때문만은 아니다. 걸작은 우리의 현재적 삶을 새롭게 볼 수 있는 다양한 해석을 유발시키기 때문에 걸작이다. 다시 말해 인간의 삶과 현실에 대한 깊은 이해와 통찰을 담고 있어서 시대가 달라지더라도 작품 속의 이야기가 나의 삶의 체험으로 전화될 수 있을 때 그 작품은 호소력을 발휘할 수 있다. 『모비딕』은 이런 걸작의 기준을 십분 충족시키는 작품이다. 백색에 대한 이스마엘의 백과사전적인 성찰이나 유명한 「더블룬」 장이 상기시키듯이, 『모비딕』은 무엇보다도 인간 삶은 물론 그 해석의 다양성에 대한 자의식이 특히 두드러진 작품이기 때문이다. 『모비딕』에서 우리는 삶의 신비와 환영에 대한 한없는 매혹, 그 비의를 꿰뚫고자 하는 탐구욕과 해석의 열망, 백과사전적인 지식과 광활한 상상력을 만난다. 뿐만 아니라 우리는 『모비딕』을 통해 절대적 진실에 대한 갈구와 그것에 대한 회의, 언어의 가능성과 그 한계, 문학 형식에 대한 예리한 자의식과 그 변용 의지를 강렬하게 체험한다.

『모비딕』의 한 경이는 독자를 이런 성찰로 인도하면서 동시에 그것을 넘어서도록 끊임없이 자극한다는 점이다. 이런 개방성을 소설의 가장 중요한 특징으로 파악한 바 있는 한 평자는 그 의미를 두 가지로 정리한 바 있다. 곧 삶에 관한 온갖 정보에 열려져 있다는 것과, 그 정보를 해석하는 시각이 열려 있다는 것이 그것이다. 삶의 모든 가능성을 포용하면서도 그 어느 하나로 환원되길 거부하는 이런 개방성으로 인해 낯설다면 낯설다 할 수 있는 『모비딕』의 이야기는 우리 자신의 이야기가 되어 우리 삶을 새롭게 성찰토록 만드는 것이다.

2장 __ 시대 배경과 문학 세계
Herman Melville

시대 배경

자유를 위한 제국

 오늘날 비평적 시각에 의해 재구성된 멜빌의 초상은 기실 그가 펼쳐 보인 세계의 광활함과 심오한 깊이를 재확인하는 것에 다름 아니다. 온갖 지식과 각종 형식의 백과사전적 결집이라고 할 수 있는 『모비딕』은 장르 이론가 프라이(Northrop Frye)가 표현하는 대로 "자연의 변종"이라 할 수 있다. 성경과 단테의 『신곡』, 세르반테스의 『돈키호테』, 플로베르의 『부바르와 페퀴세』, 조이스의 『율리시즈』, 파운드의 『캔토즈』 등을 포함하는 이러한 백과사전적 문학은 문화적 차이와 다양성을 체험할 수 있는 역사적 변혁기에나 출현 가능한 것이다. 우리는 이런 점에서 멜빌을 성장시킨 남북전쟁 전의 격동적인 미국의 사회적 현실을 새삼 주목하게 되는 것이다.

멜빌의 시대는 미국사의 격동기였다. 그의 생애 중에 오늘의 미국의 운명을 결정지은 중요한 사건들이 잇따라 일어났고, 특히 응축된 그의 창작생활 기간(1846~1857) 중 미국은 멕시코 전쟁에서 승리한 대가로 록키산맥 너머의 방대한 영토를 획득, 태평양 연안을 경계로 하는 현재와 같은 대륙국가로 발돋움하였다. 그의 유년 시절을 이루는 1820년대 미국은 독립 50주년을 맞아 독립전쟁과 건국의 이념을 돌이켜 보고 그 정신을 계승하자는 민족주의의 기운이 고조된 시기였다.

가령 1825년 정치가 다니엘 웹스터(Daniel Webster)는 멜빌이 훗날 독립전쟁에 참가했던 한 기구한 참전용사의 삶을 소재로 한 그의 소설 『이스라엘 포터』를 헌정하게 될 "벙커힐 기념탑" 기공식장에서 행한 연설에서 독립 혁명을 "시대의 경이"라고 정의하고 자손들은 혁명의 아버지들이 쌓아올린 업적을 계승·발전해나가야 한다고 역설하였다. 많은 미국인들은 웹스터가 고창한 혁명 업적의 계승을 서부개척과 영토확장에서 찾았다. 그러나 그것은 원주민인 인디언을 그들의 삶의 터전에서 내쫓고 대량 살해하는 만행의 길이며 이웃을 침탈하는 야욕의 길이었다. 자유, 평등, 행복의 추구를 양도할 수 없는 인간의 권리로 천명하면서도 현실정치의 논리를 미국인들은 일찍이 제퍼슨이 사용한 바 있는 "자유를 위한 제국"의 건설이라는 자기 모순적인 용어를 빌어 합리화하였다. 그들은 앤드루 잭슨의 인디언 이주령(1830), 존 타일러의 텍사스 합병(1845), 제임스 포크의 멕시코 전쟁(1846~1848)으로 이어지는 팽창주의 정책을 신이스라엘인 미국에 소명된 '명백한 운명(Manifest Destiny)'의 발현이라고 옹호하였다.

노예제도를 둘러싼 남북의 갈등

『타이피』『오무』『사기꾼』을 비롯한 여러 작품에서 멜빌이 신랄하게 풍자했던 건국이념과 침략 논리와의 이와 같은 야합 혹은 이념과 현실의 극단적 괴리는 노예제도를 둘러싼 남북의 정치적 대결 현장에서 그대로 되풀이 되었다. 남북은 멜빌이 태어난 이듬해인 1820년에 합의된 미주리 타협에 의해 자유주와 노예주의 경계를 북위 36°30′로 정했었다. 그러나 이 원칙은 1850년대의 긴장된 노예제 정국의 소산인 "1850년의 타협"과 1854년의 캔자스-네브라스카법으로 무너지게 되었다. 더구나 북부가 연방의 유지를 위해 받아들인 "1850년의 타협"의 결과로 제정된 도피노예송환법(Fugitive Slave Act)에 따라 탈출해온 노예들이 남부로 다시 끌려가는 사태가 발생하자 이념과 현실의 괴리상은 극에 달하였다. 도피 노예 토마스 심스의 남부 송환 여부를 결정하는 재판을 맡은 멜빌의 장인이었던 매사추세츠주의 대법관 레뮤엘 쇼(Lemuel Shaw)는 현실정치의 논리를 받아들였다. 그러나 그의 송환 결정은 북부의 진보적 지식인들의 격렬한 항의를 불러 일으켰다.

1854년 7월 4일 노예 폐지론자의 집회에서, 「매사추세츠주의 노예제」라는 제목으로 연설한 헨리 데이비드 소로우(Henry David Thoreau)는 혁명세대의 영웅주의와 도피노예송환법을 받아들인 북부의 도덕적 우유부단함을 대비시켜 혁명이념의 퇴색을 질타하였고, 같은 집회에서 윌리엄 로이드 개리슨은 미합중국 헌법을 불태웠다. 건국이념의 현실화를 내세우는 북부의 노예 폐지론자들에 대해 남부인들은 흑인은 동물이나 다름없는 일종의 아인간종(亞人間種)으로서 선천적으로 노예로서 적합하게 태어났다는 견강부회적인 인종주의 이데올로기로 맞섰다. 이러한 논리의 연장선상에서 자격 없는 흑인을 합중국 시민으로 받아들이면 이 지상에서 가장 훌륭한 정치체제인 자유주의를 바탕으로 한 미국의 민주주의 제도 자체가 무너질 것이라는 이유를 내세우며 노예제 폐지에 반대하는 자도 있었다.

이념과 현실의 양극화를 일상적 현실로 만든 노예제를 둘러싼 남북의 갈등은 헌법에 대한 불신뿐만 아니라 그러한 현실에 침묵한 종교에 대한 회의도 가속화시켰다. 노예 소유를 지지한 남부 기독교도들은 아브라함을 비롯한 구약에 나오는 족장들이 노예를 소유했다는 성경적 사실을 전거로 하여 자신들의 입장을 옹호하였다. 이러한 억지 논리는 많은 북부인들로 하여금 성경의 진실성을 의심하게 만들었고 더 나아가서 신의 존재 그 자체에 대해서 회의하는 결과를 낳았다. "침묵이 신의 유일한 목소리"라는 『피에르』의 시니시즘은 멜빌의 전유물만은 아니었던 것이다.

산업화

1854년의 캔자스-네브라스카법은 대륙횡단 철도 부설을 자신들에게 유리한 노선으로 건설하고자 했던 북부 상공업자들의 정치적 흥정의 소산이기도 했다. 멜빌이 작품활동을 시작한 1840년대에 이미 미국은 산업혁명의 진전으로 자본의 논리가 현실을 지배하고 있었다. 부의 편중이 날로 심해지고 이에 따라 노사간의 갈등도 심각해져 갔다. 18세기 말에 상위 10%의 부유층이 전국의 부의 30%에서 50%를 차지하고 있었다. 1860년에는 이 수치는 70%를 상회하였다. 멜빌의 단편 「가난한 사람의 푸딩과 부자의 빵 부스러기」는 빈부의 격차가 심한 그러한 현실의 알레고리이며 『타이피』에서 토모가 문명사회의 모든 악의 근원이 돈이라고 외친

것은 일자리를 찾아 전전해야 했던 자신의 체험적 표현인 것이다.

1825년에 이리운하가 개통되었고 1830년에는 볼티모어-오하이오 철도가 부설되어 교역의 증대와 공업화가 촉진되었다. 산업화는 인구의 도시집중을 유발하였다. 1815년에 섬유공장에서 일하는 노동자의 수가 보스턴만도 10만 명이 넘었다. 가속된 도시집중으로 1820~1850년 사이 도시 인구는 5배로 불었다. 열악한 위생시설과 주택난은 도시의 슬럼화를 재촉했다.

멜빌은 『이스라엘 포터』에서 매연과 더러움으로 뒤덮인 거리를 유령과 같은 사람들이 표류하는 런던을 단테의 말을 빌어 "지옥의 도시"라고 불렀는데, 1850년대의 대부분의 미국 도시에 그것은 남의 사정이 아니었다. 『피에르』의 후반에 보이는 거지와 창녀와 술꾼으로 소란스런 뉴욕의 지저분한 거리풍경이나 「서기 바틀비」의 배경을 이루는 월가의 사물화된 정경은 산업자본주의와 그 정신이 멜빌의 동시대인들의 삶에 깊숙이 들어와 있음을 말해주는 것이다.

멜빌의 시대는 이처럼 변화가 심한 시대였다. 모든 것이 유동적인 급격한 사회변동 속에서 성장한 멜빌은 그것을 호흡하고, 생각하고, 그것에 반응하며 글을 썼다. 서부로의 영토 확장, 그 팽창주의의 야욕이 초래한 인디언속의 강제이주와 대량 학살, 급격한 산업화, 노예제도를 둘러싼 남북간 대립의 격화 등 당대의 중요한 정치적·사회적 이슈와 그것의 복합적 함의는 그의 소설의 주제적 관심으로 혹은 사건의 원경으로 혹은 그의 긴장된 언어와 잡종화된 형식 속에 표현되어 있는 것이다.

멜빌의 삶과 문학 세계

청년시절

멜빌은 1819년 8월 1일, 뉴욕에서 태어났다. 그의 아버지는 직물수입상이었고 그의 어머니는 17세기부터 올바니에 정착해 산 네델란드계의 독실한 개신교도 가문 출신이었다. 멜빌의 할아버지 토마스 멜빌 소령은 훗날 올리버 웬델 홈즈의 「마지막 잎새」라는 시에서 추모될 만큼 독립전쟁에서 큰 활약을 한 인물이고 그의 외할아버지 피터 갠스부어트 역시 독립전쟁의 격전장의 하나인 포트 스탠웍스 전투에서 혁혁한 무공을 세웠다. 이러한 유서 깊은 명문가의 후손으로서 멜빌은 유복한 유년시절을 보내었다.

그러나 1832년 13살 되던 해 아버지가 사업 실패 끝에 급작스럽게 사망하면서 멜빌의 시련은 시작된다. 다니던 학교도 그만두고 은행의 서기로, 농장 일꾼으로, 혹은 측량 기술자로 취직하여 생계비를 벌기도 하고 아버지의 사업을 물려받아 형이 운영하던 피혁상에 나가 일을 돕기도 하였다. 1837년 몰아닥친 극심한 불경기의 여파로 형의 사업이 완전히 파산하면서 생활이 더욱 어려워지자 멜빌은 일자리를 찾아 전전하다가 스무 살이 되던 1839년 영국의 리버풀을 왕래하는 상선의 선원으로 취직하여 그의 소설 무대가 될 바다생활에의 첫발을 내딛었다. 이 때의 체험을 바탕으로 쓴 『레드번』의 주인공 레드번의 다음과 같은 말은 이 당시 멜빌의 심경을 잘 말해준다: "나의 미래를 설계했던 몇 가지 계획들이 어긋나버린 데 대한 서글픈 실망감과 내 자신을 위해 무슨 일이든 해야 할 필요성이 천성적인 방랑벽과 맞아 떨어져 나를 뱃사람으로 내몬 것 같다."

약 2개월 간의 리버풀 여정에서 멜빌은 극심한 빈곤의 참상과 비인간적인 폭력 앞에 노출된 뱃사람들의 비참한 생활을 목격한다. 멜빌의 전기 작가 하워드(Leon Howard)가 시사하는 것처럼 이 때의 충격적인 체험은 뒷날 그의 남태평양의 편력에서 더욱 구체화하는 백인 기독교 문명에 대한 그의 부정적 시각의 원체험이 된다. 리버풀에서 돌아온 후 멜빌은 인근의 시골 학교에서 잠시 교사 노릇을 하다가 일자리를 찾아 당시로는 변방지대였던 일리노이주 미시시피 강 연안의 갈레나로 큰아버지를 방문하였다. 그러나 갈레나의 형편도 어렵기는 마찬가지여서 일자리를 얻을 수가 없었다. 멜빌은 아무런 소득 없이 다시 뉴욕으로 돌아올 수밖에 없었지만, 가까이서 직접 본 팽창하는 서부의 모습은 『모비딕』과 생전에 그가 쓴 마지막 장편소설인 『사기꾼』을 비롯한 여러 작품에서 확인되듯 그에게 강렬한 인상을 남겼던 것 같다. 어머니가 살고 있는 뉴욕의 랜싱버그로 돌아와서 멜빌은 가정의 경제적 형편이 더욱 어려워진 것을 발견하고 백방으로 일자리를 알아보았으나 어디에도 취직할 수 없었다.

이러한 절망적인 상황에서 멜빌은 그의 사촌형 토머스처럼 고래잡이배를 타기로 결심하고 1840년 1월 3일 매사추세츠주의 페어해이븐 항을 떠나 태평양으로 출어하는 아쿠쉬네트 호에 승선하게 된다. 『모비딕』의 주인공 이스마엘은 소설의 서장에서 자신이 "무일푼" 신세로 그의 영혼이 "축축하게 젖어 있는 동짓달" 같은 절망적인 상황에서 권총과 탄환으로 자결하는 대신 삶의 마지막 대안으로 고래잡이배를 타기로 작정하였다고 밝히고 있다. 이스마엘의 이러한 고백을 통해서 그 당시 멜빌의 절박한 심경의 일단을 우리는 읽을 수 있다. 물론 경제적 궁핍만이 멜빌을 험난한 바다로 내몬 동인의 전부는 아닐 것이다. 이스마엘의 인상적인 표현 그대로

"요원한 것에 대한 끊임없는 갈망"과 "경이의 세계"에 대한 호기심 또한 이 감수성 예민한 스물한 살 청년의 마음을 바다로 이끌었던 것 같다. 그의 문학을 감싸고 있는 낭만적 아우라의 원천이기도 한 이 미지의 세계에 대한 환상과 동경을 멜빌은 일찍부터 남태평양을 다녀온 그의 친지들의 이야기나 동시대의 작가인 페니모어 쿠퍼(Fenimore Cooper), 프래데릭 메리야트(Frederick Marryat), 리차드 대이너(Richard Henry Dana)의 해양소설, 혹은 선교사들의 선교활동기를 탐독하면서 키웠던 것이다.

남태평양 편력

장장 3년 10개월이 걸린 멜빌의 남태평양 여정은 무엇보다 그의 문학 세계의 원체험이자 질료로서 의미가 있다. 『타이피』에서 『모비딕』에 이르는 그의 작가생활 전반기에 씌어진 여섯 작품 가운데 『레드번』을 제외하고는 모두가 폴리네시아 혹은 그 수역에서의 선상생활의 체험이 소설의 주 내용을 이루고 있다. 소설 무대를 육지의 세계로 돌린 『피에르』 이후 『빌리 버드』에 이르는 후기 작품에서도 폴리네시아에 대한 인상 깊었던 이미지와 회상은 여전히 중요한 모티프를 이루고 있다. 멜빌의 폴리네시아 편력은 언어와 관습, 제도와 사고방식이 다른 낯선 문화를 접하여 지식을 넓히고 세계를 보는 눈을 길러나간 작가 수업의 길이었다. 그는 낯선 이방의 문화를 호흡하며 감수성을 한층 예리하게 갈고 닦고, 그 낯선 세계와의 대비를 통해 자신이 떠나온 사회를 보다 투철하게 이해할 수 있는 비판적 안목을 길러 나갔다. 그렇기 때문에 그 여정은 말하자면 멜빌을 작가로 양육시킨 "예일대학이요 하버드"였던 셈이다.

페어해이븐을 출항한 아퀴쉬네트 호는 북대서양의 아조레스 섬과 케이프 버드 섬을 들른 다음 대서양을 가로질러 남하하여 리오데자네이로를 거쳐 케이프 혼을 돌아서 태평양으로 나왔다. 태평양으로 들어선 배가 페루해안을 따라 북상하여 걸작 중편 「마술 걸린 섬 *The Encantadas*」의 배경이기도 한 갈라파고스 섬을 지나 남태평양의 마키저스 섬의 누쿠히바 항에 당도한 것은 페어해이븐을 떠난 지 18개월 만이었다. 그 동안의 선상생활은 미지의 세계에 대한 그의 동경과 기대감을 짓밟는 비참하기 짝이 없는 것이었다. 고래잡이 자체에 따르는 어려움과 위험은 접어두고라도, 잦은 폭풍과 빈약한 음식, 그로 인한 각기병을 비롯한 질병의 위협, 그리고 무엇보다 선장과 간부 선원들의 잦은 폭력은 선상생활을 견디기 힘든 것으로 만들었다.

아퀴쉬네트 호 선장의 "극단적으로 자의적이고 폭력적인" 행동에 신력이 났던 멜빌은 배가 누구히바 항에 닻을 내린 뒤

동료 선원인 토비아스 그린과 함께 탈주한다. 멜빌은 잔인한 식인종으로 알려진 인근의 타이피 족에게 몸을 의탁하여 1개월여를 지낸다. 그것은 이국적인 사회의 습속과 문화를 가까이서 직접 체험하고 관찰하는 좋은 기회였다. 그 후 오스트레일리아 국적의 고래잡이 배 루시 앤 호를 얻어 타고 타이피를 떠나 인근의 타히티 섬으로 간 멜빌은 그의 두 번째 소설의 주인공처럼 이른바 "오무(omoo)"가 되어 인근의 섬들을 떠돌아다니는 자유분방한 생활을 즐기면서 폴리네시아 원주민들의 실상을 더욱 자세하게 관찰하게 된다.

원주민들과 생활하면서 멜빌은 백인들이 이제까지 그려 온 원주민상이 그들의 실체와 얼마나 거리가 먼 것인가를, 또 백인 기독교 문명과의 접촉이 원주민의 삶을 얼마나 황폐화시켰는가를, 그리하여 그것의 배타적 폭력성과 야만성을 타이피에 이어 더욱 절실하게 느끼게 된다. 멜빌의 폴리네시아 여정은 이처럼 다른 문명에 대한 이해를 넓혀나간 배움의 연속이면서 동시에 그가 이제까지 "사실"로 받아들여 온 것을 회의하고 떨어내는 "탈 배움"의 과정이고, 한 걸음 더 나아가 사물을 보는 우리의 인식 틀이 어떻게 형성되는 것인지를 끊임없이 묻는 철학적 사색의 길이기도 하였다.

1842년 겨울 멜빌은 낸터키트 소속 고래잡이배 찰스와 헨리 호에 승선하여 이듬해 5월 하와이 군도의 마우이 섬의 라하이나에서 배를 내렸다가 곧 호놀룰루를 방문, 그곳에서 한동안 상점 점원 노릇을 하며 지낸다. 얼마 후 그가 탈주했던 아퀴쉬네트 호가 호놀룰루에 입항하여 그를 탈주자로 공고했음을 알고서 신변의 위험을 느낀 멜빌은 때마침 본국으로 귀환 예정인 미 해군전함 미합중국 호에 수병으로 자원입대하여 마침내 오랜 방랑생활을 마감하고 귀로에 오른다. 이 귀환의 여정에서 겪은 체험이 뒷날 『화이트 재킷』의 소재가 되었다.

1844년 10월 보스턴 항에 도착하여 집으로 돌아온 멜빌은 그 사이 집안이 안정되고 경제적 형편도 많이 나아졌음을 발견한다. 무엇보다도 큰 변화는 바로 윗형 갠스부어트가 그 사이 정계에 입문하여 민주당 대통령 후보로 나선 제임스 포크의 유력한 선거참모로 활약하고 있는 점이었다. 뛰어난 대중연설 솜씨로 팽창주의정책을 공약한 포크를 대통령에 당선시키는 데 기여한 형 갠스부어트를 통해 멜빌은 자연스럽게 텍사스 병합과 멕시코 전쟁 그리고 노예제를 둘러싼 정치적 이해로 이합집산을 거듭하던 당시 현실정치의 소용돌이를 가까이서 관찰하게 된다. 정치학자 마이클 로건(Michael Rogin)이 『전복적인 계보 Subversive Genealogy』에서 보여주는 바와 같이 멜빌의 친가를 비롯한 외가와 처가 모두 현실정치에 이처럼 밀착되어 있던 판세로 멜빌은 그의 가족사가 곧 당대의 정치 사회사와 동심원을 이루는 행운을 가졌다. 자전적 경험을 밑바탕으로 하고 있으면서도 그의 작품이 당대의 중요한 정치적 이슈에 대한 깊은 관심과 비판적 성찰을 담고 있는 것은 바로 이와 같은 가족적 배경과 무관하지 않다.

이전에 느껴보지 못했던 가족들의 따뜻한 관심 속에서 멜빌은 주위의 친지들에게 그간에 겪은 자신의 모험담을 들려주며 그해 연말을 보낸다. 뒷날 호손의 부인 소피아가 증언하듯 멜빌은 이야기꾼으로서 탁월한 재능을 가졌던 듯하다. 그의 이야기를 재미있게 들은 친지들은 그것을 글로 써볼 것을 권하였고 딱히 할 일이 있었던 것도 아니어서 멜빌은 자신의 여정 가운데 가장 인상적이었던 타이피 부족과 지낸 1개월여 동안의 체험을 글로 쓰기 시작하였다. 작가 멜빌은 이렇게 해서 탄생된다. 글을 써가면서 멜빌은 자신의 내면적 성숙을 느끼기 시작하였고, 그것이 작가로서의 새로운 삶의 가능성을 그에게 확신케 한 듯, 뒷날 호손에게 이때의 고양된 기분을 이렇게 토로하였다: "스물다섯 살이 될 때까지 저는 발전이란 것이 없었습니다. 스물다섯 살 되는 해부터 저는 제 삶

멜빌의 부인 엘리자베스 쇼 멜빌. 그녀의 아버지 레뮤엘 쇼는 매사추세츠주 대법관이었다.

을 헤아립니다. 그 이후 제 내면의 어떤 부분이 숙성하여 펼쳐지는 느낌을 갖지 않고서 보낸 기간이 3주를 넘긴 적이 없었습니다."

글쓰기 입문

멜빌의 삶에서 우리가 발견하는 경이의 하나는 유례를 찾기 힘든 왕성한 창작열이다. 그의 나이 25세에서 35세에 이르는 약 10년 동안 멜빌은 9권의 장편소설과 1권의 단편집을 출판하였다. 이 밖에 이 기간 중 여러 잡지에 발표한 10여 편의 단편과 수편의 서평 그리고 완성했으나 스스로 파기한 것으로 추정되는 『십자섬 The Isle of Cross』이라는 작품까지 고려한다면 그의 다산성은 놀랍다고 아니할 수 없다.

짧은 기간 동안 멜빌이 이렇게 많은 작품을 쓰게 되는 동인을 우선 인세 수입에 생계를 의지해야 했던 경제적 어려움에서 찾을 수 있다. 예컨대 세 번째 작품인 『마디』를 발표한 후 판매실적이 저조하고 첫아들까지 얻으면서 경제적으로 쪼들리자 멜빌은 『레드번』과 『화이트 재킷』을 4개월 만에 내쳐 썼다. 물론 경제적 궁핍이 그를 다작으로 이끈 이유의 전부라고 할 수만은 없다. 그의 왕성한 창작활동은 보다 근본적으로 독특한 체험과 다독으로 일구어진 그의 상상세계의 풍요함에서 비롯된 것으로 본다.

"사상의 잠수부들"과 나눈 대화의 소산이라고 할 수 있는 멜빌의 "정신의 세계"는 『피에르』의 표현을 그대로 빌려오면 "바닥을 헤아릴 수 없는 독창적인 사고의 수원지"이다. 이로부터 솟구치는 상상력의 분출을 "시간과 힘과 돈과 인내심"의 부족으로 잃어버리지 않을까 그는 안타까워 한다. "나에게 쉬운 문체로 글 잘 쓰는 젊은이를 50여 명 보내줄 수 있겠습니까? 그만한 수의 작품을 계획하고 있지만 그것을 따로따로 생각해볼 충분한 시간을 마련해 볼 수가 없군요." 『모비 딕』을 써나가면서 뉴욕에 거주하는 비평가 다익킹크(Evert Duyckinck)에게 그는 이렇게 써 보냈다. 멜빌이 보여주는 유례없이 다양하고 풍요한 세계의 모습은 "베수비우스 산의 분화구만한 잉크스탠드"와 "독수리 깃털로 만든 펜"을 달라는 이스마엘의 요구를 단순한 치기로 돌려버릴 수 없게 만든다.

"진실을 말하기 위해서는 바다처럼 광활한 공간을 가져야 한다." 멜빌은 호손의 『목사관의 이끼 Mosses from an Old Manse』의 서평 형식으로 쓴 「호손과 그의 이끼 Hawthorne and His Mosses」에서 이렇게 쓰고 있다. 같은 글에서 그는 "허위가 지배하는 세계에서 진실은 숲 속의 신비한 흰 사슴처럼 달아나 버린다"고 적고 있다. 그렇다면 그의 드넓은 문학의 제국은 진실을 말하는 것의 어려움을 증언하는 것인가? 우리는 "과거, 현재 그리고 다가올 미래의 모든 세대의 고래"에 대한 지식을 집대성하고자 했던 이스마엘이 수백 쪽에 이르는 "고래학"의 장을 마감하면서 고래를 제대로 표현할 언어의 부재를 한탄함을 상기하게 된다.

멜빌에게 소설은 이처럼 붙잡기 어려운 삶의 "진실을 말하는 위대한 기예"이다. 멜빌의 글쓰기는 진실을 말하기 어려운, 아니 진실이 부재하는 세계에서 진실을 찾아가는 과정에 다름 아니다. 그가 남긴 방대한 분량의 작품은 그 진실 추구의 발자취이다. 병적인 열정에 사로잡힌 글쓰기와 돌연한 중단, 세관 관리로의 전업, 이따금의 시쓰기, 그리고 소설쓰기의 재개로 이어지는 불연속적인 작가로서의 삶에 하나의 일관성을 부여하는 것은 "타협 없는 진실"에의 부름 바로 그것이다.

탈색된 진실의 추구: 『타이피』와 『오무』

"나는 '타이피인의 생활상'의 모두를 보았지만 아무것도 이해할 수 없었다." 멜빌의 첫 작품 『타이피』의 화자 토모는 낯선 폴리네시아의 사회상과 문화적 관습을 바로 옆에서 관찰하면서 이렇게 그 이해의 어려움을 토로한다. 인간의 인식의 한계에 대한 이 지극히 이스마엘적인 각성의 순간이 19세기의 문학적 관습상 여행기 장르에 속하는 작품의 서사에 끼어들어 있다는 것은 놀라운 일이다. 여행기의 호소력은 무엇보다 현장체험과 직접관찰이 부여하는 "사실"의 권위에서 비롯되기 때문이다. 현장 체험자로서의 권위를 스스로 부정하는 토모의 이 반역의 제스처는 논픽션으로 출판된 멜빌의 초기의 작품들을 오늘날 소설로 읽게 만드는 원동력이면서 동시에 보다 큰 반역―서구의 제국주의적 교화주의와 메시아적 기독교 전통에 대한 신랄한 비판의 기저에 깔려 있다. 멜빌 당대의 독자들은 물론 그가 부활된 1920년대 이후에도 상당히 오랫동안 토모의 문학적 관행에 대한 이 도전의 의미를 제대로 파악하지 못하였다. 그의 작품을 자전적 체험의 충실한 기록으로 간주하고자 하는 유혹은 그만큼 떨쳐버리기 어려웠던 것이다.

『타이피』는 마키저스 섬의 타이피 족과 약 1개월여 동안 함께 지낸 멜빌 자신의 체험을 바탕으로 한 것이지만 작가의 분신이라고 할 수 있는 토모가 타이피에서 체재하는 기간은 실제와 다르게 4개월로 설정되어 있다. 애초부터 허구적 요소가 가미된 픽션으로 기획된 것임에도 불구하고 『타이피』는 영국에서 일종의 논픽션 시리즈인 "본국과 식민지 총서(Home and Colonial Library)"의 하나로 출판되었다. 물론 『타이피』에는 마키저스 섬의 지세, 자연 풍광, 기후, 역사 그리고 원주민의 식관습, 축제, 독특한 터부제도, 성생활, 문신, 식인 관습 등 폴리네시아 사회 전반에 대한 문화인류학적인 정보를 관찰한 대로 전달하는 여행기적 요소를 고루 갖추고 있다. 구성 면에서도 그것은 미지의 세계로 출발, 경이로운 세계의 체험, 귀환이라는 전형적인 여행기의 형식을 보인다.

이와 같은 여행기적 요소와 더불어 사건의 극화 경향, 화자의 내면 심리와 윤리적 성찰에 대한 관심, 토모의 발상처와 같은 상징적 이미지 등 소설적 기법이 활용되고 있음에도 불구하고 출판업자를 포함한 당대의 독자들은 이런 허구적 요소에 별로 관심을 두지 않았다. 이러한 서로 다른 장르의 혼용을 멜빌의 현대 독자들은 그의 작가적 기량의 미숙함으로 종종 지적하여 왔다. 그러나 이것은 단견이다. 이미 『타이피』에서부터 멜빌의 글쓰기는 그가 서문에서 밝힌 대로 "탈색된 진실을 말하고자 하는 강렬한 욕망"에 의해 움직여 왔고, 그것은 언어와 문학적 형식을 포함한 모든 전달양식에 대한 왜곡 가능성의 성찰을 수반하고 있기 때문이다. 멜빌의 왕성한 상상력이 과시된 작품일수록 더욱 노골적으로 서로 다른 문학적 형식을 뒤섞고 차용하며 변형시키는 실험정신으로 충만해 있는 점을 간과해서는 안 된다.

『타이피』에 나타나 있는 폴리네시아 사회에 대한 멜빌의 시각은 두 가지로 요약할 수 있다. 아름다운 풍광과 천혜의 풍요로움을 누리는 "행복의 계곡"이라는 것이 그 하나라면 기묘한 우상을 숭배하는 식인종들이 사는 원시적 미개지라는 것이 다른 하나이다. 이 두 시각은 원주민들의 신체적 외양과 성격, 그들의 사회적 관습과 전통, 심지어는 자연경관의 묘사에서까지 번갈아 나타난다. 원주민들은 더할 나위 없이 친절하고 관대하며 순박하면서도 생기에 넘치는 모습으로 토모에게 비치면서도 타이피를 떠나고자 하는 그를 제지하고 식인관습을 포기하지 않는 악인의 모습으로 나타난다.

몇 차례 탈출을 시도하다가 실패한 후 문명세계로 돌아가고자 하는 생각을 접어두고 차츰 타이피의 생활관습에 젖어들어 가면서 토모는 타이피가 생래적인 욕망과 도덕적인 의무가 서로 조화를 이루고 있고, 성적인 자유를 누리면서도 갈등과 문란함이 없고, 지배자와 피지배자가 스스럼없이 어울려 사는 평등사회라고 상찬한다. 그러면서도 다른 한편으로는 그것이 "단조로운 일률성"에 지배되고 "감정의 만장일치"가 강요되는 획일적인 전체주의적 사회일 수 있다는 암시를 한다. 타이피의 자연은 "영원한 여름"이 지속되는 태고의 자연미를 자랑하는 아름다운 것이지만, 보다 깊숙이 들어가 보면 깎아지른 절벽과 가파른 산세로 사람의 접근을 불허하는 위협적인 것이라고 말한다.

한 비평가의 지적대로 멜빌의 이 양면성은 18세기 이래 서구를 지배한 루소적 계몽주의와 캘비니즘적 인식 틀에 의지하여 사물을 관찰하는 데서 비롯된 것이다. 콜럼버스의 항해기를 포함한 서구의 거의 모든 "발견의 서사(narratives of discovery)"는 체험의 "사실적" 기록을 지향하면서도 결국 그것을 의미화하는 해석 틀에 의하여 "굴절된" 기록이다. 멜빌은 『타이피』를 쓸 무렵 이미 인식 틀에 의한 체험의 이와 같은 굴절을 날카롭게 의식하고 있었음이 분명하다. "진실은 중앙에 자리 잡기를 원하기 때문에 대립적인 두 극단적 입장의 사이 어딘가에서 발견된다"는 토모의 말이 그 증거이다.

기실 폴리네시아 사회와 접하면서 멜빌이 받은 가장 큰 인식의 충격은 그 문화의 낯섦에서 비롯된 것이라기보다는 오히려 이곳을 다녀간 백인들에 의하여 본국에 알려진 "사실"과 그 자신이 직접 체험한 현실과의 엄청난 괴리에서 비롯된 것이다. 그는 작품의 도처에서 한편으로는 폴리네시아문화에 대한 이전의 기록들의 신빙성에 의문을 던지면서, 다른 한편으로는 왜 현실과 기록 사이에 이런 간극이 야기된 것인지를 묻는다. 그와 동시에 그 간극을 그는 인정된 사실과 자신의 진실을 대립시킴으로써 메우고자 한다. 폴리네시아 사회를 문명화시키고 교화시킨다는 명분으로 원주민을 침탈하는 백인 기독교 문명에 대한 신랄한 비판은 그 시도의 하나이다.

멜빌의 타히티 편력의 체험을 소재로 한 두 번째 작품 『오무』는 거의 전적으로 이 비판의 기록이다. 타히티 섬에서 멜빌은 백인 선교사들이 원주민의 전래적인 종교 의식과 문화적 관습을 그것들이 그들의 삶에서 차지하는 의미나 중요성을 전혀 고려하지 않고 복음화라는 미명하에 우상숭배나 미신으로 무화시키고 파괴하는 것을 고발한다. 멜빌은 선교사들이 씨름이나 달리기 혹은 창던지기와 같은 전통적인 놀이와 스포츠 활동도 금지시키고 심지어는 여자들이 화환이나 목걸이를 목에 거는 것도 금지한 것을 발견하고 놀란다. 그들의 종교와 문화적 관습을 철저히 부정하고 그 대신 기독교와 백인의 생활관습을 원주민에게 강요하는 것을 멜빌은 "민족성 말살책"으로 통렬히 비난한다. 멜빌은 또한 하나님의 사랑과 만인평등의 복음을 전파하는 사도로 자처하는 선교사들이 자신의 자식과 원주민의 어린이들이 함께 놀지 못하게 하는 엄격한 인종 격리를 야유한다. 그는 또한 선교사와 그의 가족들이 일요일에 교회에 나가기 위하여 원주민을 인력거꾼으로 짐승처럼 부리는 것을 보고 그들의 이중적인 윤리 감각을 개탄한다.

복음주의 선교활동이 본국에 알려진 것과는 달리 위선과 거짓에 젖어 있고 백인들이 내세우는 문명화가 실상 제국주의적인 지배와 수탈을 호도하는 허울임을 비판하는 것은 결국 인정된 "사실"의 기록에 덧칠된 제국주의의 수사를 벗겨내 그 실상을 전하자는 그의 의지의 표현이다. 멜빌이 자신의 진실을 "탈색된 진실(unvarnished truth)"이라고 부르는 까닭이 여기에 있다. 멜빌의 서구 기독교 문명에 대한 이러한 비판은 그러나 값비싼 대가를 치르게 된다. 『타이피』는 출간되자마자 좋은 반응을 얻었으나 일부 보수적인 독자들로부터 책의 내용이 허구가 아니라 직접체험의 기록임을 입증하라는 요구와 함께 선교사들의 선교활동을 비판한 부분을 삭제하라는 압력을 받게 된 것이다. 마키저스 섬에서 멜빌과 함께 배를 버리고 탈주했고, 『타이피』에서 토비로 소개된, 친구 리처드 토비아스 그린이 신문에 그것의 진실성을 증언하는 기고를 함으로써 이야기의 진정성에 대한 의혹은 해소되지만, 출판업자를 통해 전달된 선교활동에 대한 비판적 시각을 수정하라는 기독교계의 압력은 피할 수가 없었다. 멜빌은 결국 "과격한" 구절들이 삭제된 수정판을 내는 데 동의하지 않을 수 없었고, 미국에서는 이 수정판이 그의 생전 내내 유통되었던 것이다.

소설 세계의 확대

『타이피』와 『오무』를 출간하면서 자신의 진실이 여행기라는 장르를 지배해온 제국주의적 이데올로기에 의하여 무화되는 것을 지켜보아야 했던 멜빌은 세 번째 작품인 『마디』에서 변신을 꾀한다. 그는 답답한 "사실의 이야기"가 아니라 '자유'와 '창의성'이 보장되는 로맨스를 쓰겠다고 선언한다.

그 결과 『마디』는 모험담과 철학적·종교적·문학적 한담, 알레고리와 풍자가 교차하는 독특한 양식—훗날 『모비딕』과 『사기꾼』에서 보다 정련된 형태로 선보일, 그리고 노스롭 프라이에 의해 "해부(anatomy)"라고 명명된 장르의 전범으로 기록될, 그 혼성 양식의 선구를 이룬다. 2부로 구성된 『마디』의 전반부는 화자이자 주인공인 타지가 고래잡이 생활에 싫증이 난 나머지 고래잡이배를 버리고 나와 보트로 태평양의 이곳저곳을 방황하며 겪는 모험담으로 이루어져 있고, 후반부는 타지가 그 모험의 과정에서 만난 일라라는 구원의 여인을 찾아 마디 섬의 세 재사인 역사가 모히, 학자인 바발란자 그리고 음유시인인 유미와 더불어 여행을 하면서 나누는 플라톤적인 대화로 채워져 있다. 앞선 두 작품과 마찬가지로 『마디』 역시 여행이 구성의 근간을 이루고 있지만 그것은 상상의 여행이요 정신의 여행이다. 특히 『마디』의 후반부는 이후의 작품에서 빈번하게 나타나는 멜빌 특유의 형이상학적 명상에의 탐닉을 현시한다.

한마디로 『마디』는 인간의 사고활동 그 자체, 정신의 걸림 없는 편력을 극화하고자 하는 야망의 소산이다. 주인공인 타지가 일라를 찾아 헤매면서 세 현사와 나누는 대화는 그러므로 타지의 의식에 떠오르는 명상의 화두에 다름 아니다. 바발란자는 작중의 작가 롬바르도에 대해 "글을 써나가면 써나갈 수록 점점 더 자신의 내면 깊숙이 침잠해 들어간다"는 평을 하는데 이는 타지와 『마디』의 작가 멜빌에게 다같이 해당되는 말이다. 『마디』는 멜빌의 소설세계가 현실체험의 세계일 뿐만 아니라 책의 세계라는 것을 일깨우는 작품이기도 하다.

그즈음 결혼하여 뉴욕으로 이주한 후 멜빌은 뉴욕 문단의 핵심인물이자 국민문학을 고취하는 '청년 미국 운동(Young America)'의 주역이기도 한 에버트 다익킹크와 사귀면서 그의 서재의 책들을 빌려 보고 도서관을 드나들고 또 스스로 책을 사 모으면서 광범위한 독서를 한다. 그는 플라톤, 단테, 라블레, 스펜서를 읽었으며 특히 17세기의 산문가인 로버트 버튼과 토마스 브라운을 탐독한다. 이 광범위한 독서의 체험이 곧 『마디』의 질료가 되었던 것이다. 『마디』의 집필이 거의 끝나갈 무렵 파리에서 발발한 1848년의 2월 혁명은 멜빌의 사회적 상상력을 자극, 유럽의 혁명과 영국의 차티스트 운동, 미국의 팽창주의와 노예제 및 아일랜드의 기근에 이르는 정치적 이슈에 대한 그의 견해를 삽입하도록 만든다.

그 결과 『마디』는 형이상학적인 것과 현세적인 것, 정신적인 것과 사회적인 것을 두루 포괄하는 백과사전적 텍스트가 되는데, 이 역시 뒷날 『모비딕』 『사기꾼』 혹은 장시 『클래럴』에서 반복될 멜빌의 특징적인 양식화 방법의 하나이다. 『마디』는 또한 멜빌의 한결같은 관심사인 진실탐구의 문제를 심도 있게 다루고 있다. 타지가 찾아 헤매지만 끝내 발견하지 못하는 일라는 소설의 후반에 이르면 인간의 정신이 도달하길 갈망하는 궁극적이고 절대적인 진실의 표상으로 나타난다. 작품의 결말에서 타지는 "나는 나의 영혼의 황제이다"라고 선언하면서 일라를 찾는 여행을 계속하지만 멜빌은 그의 앞에는 끝없는 바다만이 펼쳐져 있을 뿐이라는 절망의 언어로 끝을 맺고 있기 때문이다. 이처럼 『마디』는 여러 모로 멜빌의 원숙기의 작품을 특징짓는 주제와 기법이 선보이고 있는 맹아적 작품이다.

멜빌의 가장 긴 작품인 『마디』에 대한 독자들의 반응은 그의 기대와는 달리 대단히 미온적인 것이었다. 많은 평자들이 산만한 구성과 형이상학적 장광설을 문제점으로 지적하였다. 멜빌은 곧 형이상학을 버리고 "과자와 술"의 세계로 돌아온다. 그는 10여 년 전 리버풀 항해의 경험을 소재로 대중적 취향에 맞는 "평범하고 사실적이고 재미있는" 이야기를 쓰기로 작정하고 약 10주 만에 『레드번』을, 이어서 미합중국 호의 선원으로 근무하며 그의 남태평양 방랑의 마지막을 장식한 하와이에서 보스턴까지의 귀로 중의 선상체험을 다룬 『화이트 재킷』을 내쳐 쓴다. 급하게 씌어졌음에도 불구하고 두 작품은 다면적이고 생동하는 인물의 창조와 일상적인 사물과 사건을 암시적으로 묘사해내는 작가의 한층 원숙해진 기량이 드러나 있어 『모비딕』을 예감케 한다.

『레드번』은 몰락한 귀족 가문의 후예인 주인공이자 화자 레드번이 상선의 갑판 청소부로 취직하여 리버풀까지 항해하는 여정, 리버풀에 도착한 후 영국에서의 체험, 그리고 미국으로의 귀환의 여정, 이렇게 세 부분으로 구성되어 있다. 세상 물정을 모르는 순진한 소년 레드번은 이 여정에서 선악이 뒤섞여 있고 외양과 실제가 다른 세계를 체험하면서 그와 같은 현실을 삶의 어쩔 수 없는 조건으로 받아들이는 성숙한 젊은이로 변모한다. 그런 의미에서 『레드번』은 한 편의 개안소설 혹은 성장소설이라 말할 수 있다.

소설 앞부분의 15세의 나이브하고 낭만적인 감상에 젖어 있는 레드번과 이전의 자신의 행동을 비판적으로 바라보고 현상의 배후에 숨어 있는 삶의 부조리와 악을 투시해내는 소설 뒷부분의 레드번의 현저히 다른 모습은 몇몇 평자들로 하여금 인물묘사에 있어서 일관성을 상실한 소설적 결함으로 종종 지적되어 왔으나, 이는 멜빌이 『타이피』를 비롯한 여러 작품에서 현실에 참여하는 체험자와 그 체험의 의미를 보다 넓은 전망 속에서 모색해내는 해석자로서의 이중의 기능을 그의 1인칭 화자에게 부여하고 있음을 상기한다면 결함이라기보다는 멜빌 특유의 서사 전략으로 이해해야 할 것이다.

『레드번』에서 멜빌이 특히 주목하는 현실의 기만성은 약속의 땅으로 미화된 미국을 찾아오는 수많은 이민자들이 그 도정에서 겪는 고통과 굶주림에 대한 미국인들의 무관심이다. 멜빌은 미국적 민주주의를 떠받치는 자조와 자유방임의 논리가 사회적 고립과 타인의 고통에 대한 무관심을 낳는 원인임을 보여줌으로써 미국적 이데올로기의 허구성을 폭로하고 있다.

"전 세계의 유산은 전 세계민을 위한 것이다. 세상사람 모두가 중국의 만리장성에 박힌 돌 하나하나의 입자일 수 있는 것이다." 성숙한 레드번의 이와 같은 말은 『모비딕』에서 특히 이스마엘과 퀴퀙의 인종을 초월한 우정으로 표상되는 인류의 연대성이라는 주제가 『레드번』에서 이미 싹트고 있음을 말해주고 있다. 전함 위에 펼쳐지는 수병들의 삶의 이면을 다루고 있는 『화이트 재킷』의 중요한 관심사 역시 인간의 집합적 일체감과 그 원리로서 지켜져야 할 평등이라는 주제이다.

『레드번』과 마찬가지로 『화이트 재킷』은 주인공이자 화자인 화이트 재킷이 미합중국 전함 네버싱크 호를 타고 겪는 세상체험을 통하여 휘황한 이념의 베일에 가려진 폭력적인 삶의 현실에 눈을 떠가는 이야기이다. 선상 생활에서 화이트 재킷을 특히 분노토록 만든 현실은 사병들에 대한 체벌이다.

낡은 해군 복무규정에 전거한 체벌을 화이트 재킷은 종교적으로, 도덕적으로 잘못된 것일 뿐만 아니라 인간의 존엄성과 권리를 존중하는 미국의 국가적 이념에 배치되는 악습이라고 비판한다: "체벌의 치욕을 당하는 수병에겐 우리의 독립혁명은 헛된 것이고, 독립선언서는 허위일 뿐이다." 미국의 건국 이념에 입각하여 체벌의 철폐를 촉구하는 화이트 재킷의 말은 당대 미국 사회의 노예제 폐지론자들의 논리를 상기시킨다.

텍스트에 언급되어 있는 대로 배가 하나의 소우주 혹은 국가 그 자체의 표상(배=국가라는 상징은 『모비딕』과 『사기꾼』 및 「베니토 세레노 Benito Cereno」에서 특히 두드러진다)이라면 네버싱크 호의 선상 현실은 당대 미국사회의 축도이다. 멜빌은 합리적인 질서와 기율의 표상으로 공인되어온 해군전함이 실제로는 비인간적인 관행과 폭력에 지배되고 있음을 드러냄으로써, 평등과 자유의 나라 미국에 드리운 노예제와 팽창주의의 어두운 그림자를 직시할 것을 촉구하고 있는 듯하다.

『모비딕』 이후: 독자의 상실

멜빌의 여섯 번째 작품인 『모비딕』은 『타이피』에서 시작된 그의 남태평양 편력의 상상적 재창조를 완결 짓는 작품이다. 『모비딕』을 고비로 그의 소설의 주무대는 바다에서 육지로 옮겨지고 그와 함께 "반역적이고 노예적인 육지"의 현실에 대한 날카로운 비판과 절망적인 풍자로 그의 소설세계는 한층 어두운 색조를 띠게 된다. 『모비딕』의 서평을 읽으면서 멜빌은 1851년 11월경부터 다음 작품인 『피에르』의 집필에 착수한다. 멜빌은 원래 당시 독서계의 가장 두터운 독자층을 이루고 있던 중산계층의 여성 독자를 겨냥한 감상적인 가정 소설로 그것을 구상하였다.

『피에르』는 적어도 두 가지 점에서 이전의 작품과 구별되는데, 서술방식과 작품의 배경의 변화가 그것이다. 멜빌은 여기에서 처음으로 이전의 여섯 작품의 서술 주체였던 1인칭 화자를 버리고 3인칭시점, 보다 구체적으로 말하면, 전지적 작가 서술방식을 채택한다. 이와 함께 그의 소설 무대도 바다에서 육지로 바뀐다.

서술방식과 배경의 이와 같은 변화는 그의 소설의 성격을 다르게 만드는 직접적인 원인으로 작용한다. 『모비딕』을 포함하여 지금까지 멜빌이 쓴 소설들이 자전적 체험을 바탕으로 한 해양 모험 소설의 세계라면, 『피에르』는 한 가문의 이야기를 다룬 가족 소설이자 인간의 내면에 잠재해 있는 심층심리를 파헤친 이른바 "심리적 로맨스(psychological romance)"의 세계이다. 후자의 한 전범을 보여준 호손의 영향이 『모비딕』에 이어 이 작품에서도 뚜렷하다고 하겠다.

멜빌의 이와 같은 방향 전환은 첫째는 『모비딕』을 고비로 하여 그 자신의 해양체험의 소재가 고갈되었고, 둘째 호손이 전범적으로 보여준 바 있는, 체험을 객관화하여 분석하는 3인칭 서술 방식을 실험해보고자 하는 욕망과, 셋째는 당시에 인기 있던 감상적 로맨스 장르에 편승함으로써 날로 줄어만 가는 독자를 되찾고자 하는 바람에 기인한다고 볼 수 있다.

　영국의 출판업자 리차드 벤틀리에게 보낸 편지에서 멜빌은 새 작품은 "신비한 플롯"에 "격정적 정열"을 불러일으키는 "통상적인 로맨스"가 될 것이라고 약속하였다. 그러나 작품을 써가면서 이러한 그의 의도는 변질된다. 『피에르』는 적어도 주인공인 피에르가 독자들이 외면하는 시작품을 쓰는 청년 작가로 갑자기 등장하는 대목 이전까지는 가족 로맨스적 요소들을 골고루 갖추고 있었다. 그러나 그의 전속 출판사인 하퍼즈의 인색한 출판 조건과 『모비딕』에 대한 부정적인 반응에 신경이 예민할 대로 예민해진 멜빌은 이듬해 2월 거의 완성된 상태로 하퍼즈와 『피에르』의 출판계약을 체결한 전후 수 주 동안 『피에르』에 가필을 시작, 주인공 피에르를 작가로 만들고, 그의 작품에 무관심한 독자와 잡지 편집자, 그의 재능을 갈취해내는 데 혈안이 된 출판업자, 그리고 그러한 와중에서 진실의 탐구를 부르짖는 피에르를 희화화하는 내용을 약 150쪽가량 덧붙여 넣었다. 그 결과는 석어도 그 자신이 원래 의도했던, 그의 표현대로 "전원의 우유 한 잔 (a rural bowl of milk)"과 같은, 목가적 로맨스와는 거리가 먼 것이 되고 말았다.

『피에르』가 다루고 있는 주제는 『마디』를 쓸 당시 이미 멜빌을 자극했던 인간 정신의 미묘한 움직임에 대한 성찰이라고 말할 수 있다. 『피에르』는 이에서 한걸음 더 나아가 가족 관계에 내재하는 성적 충동―의식의 표면 밑에 있는 "지하 묘지"라고 텍스트가 명명한, 그리고 19세기 중반의 미국 사회의 모럴 체계에서는 금단의 영역으로 남아 있던―의 세계로의 여행이다. 그 여정에 포함되어 있는 간통, 사생아, 그리고 근친상간의 모티프는 호손이 인간의 마음속에서 찾아낸 다분히 관념적이고 추상적인 암흑에 비하여 훨씬 자극적이고 19세기 부르주아 계층의 도덕률을 위협하는 것이었다. 더구나 그 탐구가 유서 깊은 명문가를 사례로 하는 것이었기 때문에 그만큼 더 도전적인 것으로 받아들여졌다.

아버지가 남긴 사생아로 판명된 이자벨의 삶을 구원하기 위한 피에르의 가출과 집안의 경제적 도움이 끊긴 뉴욕에서 작가로서 힘겨운 자립 생활은 결국 두 사람의 자결로 마감된다. 피에르의 삶의 행로는 비극적인 결말로 끝나지만, 그것은 그의 아버지의 초상화를 불태우는 상징적인 의식이 암시하듯, 전적으로 그의 자유의지에 의한 결단에서 비롯된 것이다.

멜빌은 진정한 민주주의 사회에서는 가문의 명예와 재산의 세습을 중시하는 귀족주의적 전통보다는 개인의 자유의지에 바탕을 둔 새로운 모럴 체계가 필요하다는 것을 더불어 말하고 싶었던 것 같다.

영국에서 먼저 출판되던 이제까지의 관례를 깨고, 『피에르』는 1852년 7월 미국에서만 발간되었다. 원고를 검토한 영국의 출판업자 벤틀리가 누적된 손실을 거론하면서 출판의 선결조건으로 독자들의 취향에 맞도록 원고의 대폭적인 수정을 요구했고, 멜빌이 이를 거부했기 때문이었다. 그러나 『피에르』의 영국 출판 포기는 커다란 실책이 되고 말았다. 『모비딕』 이후 멜빌에게 모아졌던 영국 독서계의 주목이 후속 작품의 부재로 인해 흩어져버리고, 결국 그를 긴 망각 속에 묻히게 한 결과가 되고 말았기 때문이다. 예상했던 대로 『피에르』에 대한 미국 평자들의 반응은 부정적이었다. 작품에 암시된 근친상간적 요소와 피에르가 피력한 도덕적 상대주의는 특히 그들의 비판의 표적이었다. 다소 호의적인 평자들은 작가의 재능의 낭비를 아쉬워했다. 『피에르』의 판매실적 역시 너무나 저조하여 출판사로부터 받은 선금마저도 빚이 되어 멜빌을 압박하였다.

『피에르』 출판 이후 멜빌의 삶은, 작가 피에르의 경우처럼 독자의 상실, 그로 인한 좌절감, 소외감, 작가적 신념의 상실로 특징지을 수 있을 것이다. 『피에르』의 판매실적이 지극히 저조해지면서 전업작가로서의 경제적 자립 전망이 점점 불투명해지고 그의 건강도 악화되자, 멜빌은 친구인 퍼어스 대통령으로부터 리버풀 주재 미국영사로 임명받은 호손의 예를 좇아 외교관직을 얻고자 했으나 실패하였다.

1853년 여름 멜빌은 마침 창간된 월간지 『퍼트남』에 기고해달라는 제의를 받아들여 중·단편들을 쓰며 보낸다. 많이 읽혀지고 있는 「서기 바틀비」 「베니토 세레노」 「마술 걸린 섬」은 이 때 씌어진 것들이다. 1854년 7월부터 이듬해 3월까지, 멜빌은 『퍼트남』지에 그의 유일한 역사소설이 될 『이스라엘 포터』를 "7월 4일의 이야기"란 부제를 붙여 연재하였다. 1849년 영국 여행 때 런던의 고서점에서 입수했던, 독립전쟁 중 영국에 포로로 끌려가 40여 년 만에야 미국에 돌아온 한 참전용사의 수기를 되쓰는 형식을 취한 이 작품을 통해서 멜빌은 미국의 독립혁명이 누구를 위한 것인가를 묻는다. 생명·자유·행복을 추구할 권리를 선언한 독립이념이 빛바랜 것임을 통렬하게 환기함으로써 멜빌은 같은 해 5월 발효된 캔자스-네브라스카 법으로 더욱 심각한 정치적 이슈로 떠오른 노예제 하의 미국의 현실에 대한 자신의 비판적 시각을 표명한 것이다. 1855년 3월 연재가 끝남과 동시에 책으로 출판된 『이스라엘 포터』의 서문에서 멜빌은 예외적으로 그것이 이용한 원전을 밝힘으로써, 상호텍스트성이 그의 소설 쓰기의 중요한 한 전략임을 드러낸다.

1855~1856년 겨울 동안, 멜빌은 15년 전 변경 지역인 갈레나를 방문했던 기억을 되살려 미시시피 강을 오르내리는 증기선을 무대로 한 『사기꾼』을 집필한다. 그럴듯한 이념이 사욕 채우기의 수단이 되어버린 사회, 또는 주관적·계급적, 혹은 인종적 편견을 보편적 이념으로 치장하여 강변하는 태도를 신랄하게 풍자함으로써 남북전쟁 전의 미국의 세태에 대한 멜빌의 예리한 증언으로 현대의 독자들에게 읽혀질 『사기꾼』이지만, 당대의 독자들에겐 하나의 수수께끼요 무의미한 철학적 공론으로밖에 비치지 않는다. 1856년 10월, 『사기꾼』 원고를 출판사에 맡기고 멜빌은 그의 건강과 정신 이상을 염려한 장인 레뮤엘 쇼의 주선으로 유럽과 중근동 일대를 돌아보는 요양 여행길에 오른다. 그의 여행 중인 1857년 4월 1일 만우절을 기해 『사기꾼』은 출판되지만, 그 뒤 1개월도 되지 않아 그것을 출판한 출판사는 파산하고 만다. 멜빌은 단 한 푼의 인세도 받지 못하였다. 『사기꾼』은 곧 세인의 기억에서 잊혀져, 1923년 멜빌의 부활과 함께 간행된 런던의 콘스타블사 판 전집으로 발간될 때까지 더 이상 출판되지 않았다.

소설의 절필과 여생

　1857년 5월, 여행을 마치고 보스턴으로 돌아온 멜빌은 가족들에게 글쓰기를 더 이상 계속할 뜻이 없음을 밝힌다. 가족들은 그를 위해 이곳저곳에 일자리를 알아보았으나 별 성과가 없었다. 일자리를 알아보는 한편, 멜빌은 주위의 권유에 따라 1860년까지 산발적으로 순회강연에 나선다. 그러나 자신의 이색적인 여행 체험을 테마로 한 그 강연 여행은 별반 호응을 얻지 못하였다. 곧이어 발발한 남북전쟁을 지켜보면서 멜빌은 연방의 와해와 분쟁을 거시적으로 조감하는 시를 쓰기 시작하여 1866년에 『전쟁시편 *Battle-Pieces and Aspects of the War*』이라는 제목으로 출판한다. 이 시들은 노예 폐지론자 존 브라운(John Brown)의 교수형에서부터 마지막 화해와 평화의 기원까지 연대기적으로 전쟁의 추이를 다뤘다.

　전쟁은 다양한 가치와 신념 체계의 어우러짐을 바탕으로 건설·발전되어온 미국의 과거를 돌아보고 미래를 전망할 계기를 멜빌에게 제공하였는데, 이와 같은 거시적 전망과 종합은 이후 멜빌 시의 한 특색을 이루게 된다. 『전쟁시편』을 통해서 시인으로 변신하는 데 성공한 멜빌은 거의 아무도 주목해주지 않음에도 불구하고 계속해서 시작에 힘쓰는데, 그 노력은 1876년 20여 년 전의 중근동 여행 체험을 살려 유럽문명의 세속화를 다룬 장시 『클래럴 *Clarel: A Poem and Pilgrimage in the Holy Land*』의 발간으로 절정에 이른다. 멜빌은 만년에 이르기까지 시쓰기를 계속하여, 자신의 선원생활을 회상하여 쓴 『존 마아와 선원들 *John Marr and Other Sailors*』을 1888년에, 플루타크가 전하는 코린트의 용장 티몰리언의 일화를 표제시로 한 『티몰리언 *Timoleon*』을 1891년에 각각 발간하였다.

『전쟁시편』이 출판된 직후인 1866년 12월, 멜빌은 뉴욕세관의 부검사관으로 취직하여 1885년까지 다닌다. 세관관리로서의 그의 삶은 평탄한 것이었다. 이따금씩 그의 젊은 시절의 명성을 기억하고 있거나 우연히 알게 된 사람들이 편지를 보내거나 찾아오는 경우를 제외한다면, 작가로서 멜빌의 삶은 망각 속에 거의 완전히 파묻혔다. 세관에서 은퇴한 직후인 1886년부터 멜빌은 놀랍게도 30여 년 만에 소설쓰기를 재개한다. 그 결과가 유작으로 남은 『빌리 버드』이다. 절필한 지 30여 년이 흘렀지만 그의 주요 관심사가 별로 달라진 것이 없음을 『빌리 버드』는 보여준다. 그는 여전히 소설의 형식과 본질, 상반된 가치가 혼재하는 세계에서 보편적 진실과 절대적인 정의의 기준의 문제, 삶의 한복판에 자리한 애매성의 문제 등과 씨름하고 있기 때문이다. 그것은 그가 살고 있는 세계가 여전히 선과 악, 이성과 광기, 진실과 거짓이 혼재하는 세계라는 것을 말해준다. 특히 소설의 형식에 대한 다음과 같은 화자의 말은 깊은 울림으로 우리의 가슴에 와 닿는다.

순수한 허구의 작품에서 발견되는 형식의 균형은 근본적으로 허구적인 우화가 아니라 사실에 대해 관심을 갖는 이야기에서는 쉽사리 얻을 수 있는 것이 아니다. 타협을 물리치고 말해지는 진실은 언제나 거친 가장자리를 갖게 마련이다. 그렇기 때문에 그러한 이야기의 결말은 건축물의 마감과는 달리 완성미가 덜한 것이다.

그것은 독자의 외면을 자초하면서까지 자기 진실을 담을 수 있는 형식의 발견을 위해 고투했던 젊은 날의 힘겨웠던 자신의 글쓰기에 대한 멜빌의 회억으로 들리기 때문이다.

1891년 1월, 어느 추운 날 산책 나갔다가 걸린 감기가 심한 기침으로 발전하여 멜빌은 이튿날 심장발작으로 쓰러졌다. 5월까지는 건강을 상당히 회복하였으나 7월부터 다시 악화되어 고통을 겪다가, 9월 28일 심장 재발작으로 멜빌은 그의 아내 엘리자베스가 지켜보는 가운데 숨을 거뒀다.

멜빌은 만년의 몇 개월을 가까이 두고 읽은 쇼펜하우어의 『삶의 지혜 *The Wisdom of Life*』에 나오는 다음의 구절에 밑줄을 그어 놓았다: "사람이 후세에 속하면 속할수록, 다시 말하여, 인류 일반을 많이 포용하면 포용할수록 그는 동시대의 사람들로부터 그 만큼 더 소외된다."

자신의 삶을 돌아보고 사후의 그것을 예감하고 있는 듯한 이 구절대로 작가 멜빌의 진정한 삶은 사후 30여 년의 세월이 흐른 1920년대부터 시작된다. 1917년 『캠브리지 미국문학사』에서 쿠퍼와 동시대 작가의 한 사람으로 멜빌을 소개하면서, 칼 반 도렌(Carl Van Doren)은 『모비딕』의 "심오한 독창성"을 특별히 언급하고 그것을 세계 문학사상 가장 위대한 해양소설로 주목하였다. 반 도렌으로부터 멜빌의 전기를 써보라는 권유를 받은 레이먼드 위버(Raymond Weaver)는 1919년 『민족 Nation』지에 기고한 멜빌 탄생 100주년을 기리는 글에서 『모비딕』이 마약에 취한 몽환처럼 읽히는 "놀라운 걸작"이라고 말하고, 2년 뒤 역사적인 그의 멜빌 전기, 『허만 멜빌: 뱃사람 그리고 신비주의자 Herman Melville: Mariner and Mystic』를 내놓았다. 위버의 전기가 나올 무렵 멜빌에 대한 관심은 이미 붐이라고 말할 수 있을 만큼 확산되고 있었다.

뉴욕 우드론에 위치한 멜빌 묘지의 묘석.

3장 작품론

Herman Melville

『모비딕』의 탄생

대중의 문학적 취향과 맞서 싸운 기록

멜빌이 작가가 된 것은 우연이다. 그는 나사니엘 호손처럼 작가가 되겠다는 결심을 하고 오랜 수련을 거친 것도 아니고 헨리 제임스처럼 어려서부터 길러진 예술적 감수성과 지적 교양을 바탕으로 자연스럽게 문사의 길로 들어선 것도 아니다. 그가 『타이피』를 쓰게 된 근본 동인은 4년여에 걸친 고래잡이 생활에서 돌아와서 마땅한 일거리를 찾을 수 없어서였다. 고래잡이를 떠나기 전 형편에 따라 닥치는 대로 이 일 저 일을 하였듯이, 그는 그의 이색적인 체험담을 재미있게 들은 주위 친지들의 권유를 받아들여 돈벌이로 글쓰기에 나섰던 것이다. 문학에 대한 특별한 소양이나 직업의식, 불멸의 존재로 남겠다는 야망이나 어떤 소명감이 없이 시작한 글쓰기이지만, 멜빌은 일단 작가의 길로 들어선 뒤에는 누구보다도 치열하게 문학의 본령을 모색하고 탐구하였다. 그는 곧 글쓰기가 단순한 말재주나 독자의 호기심을 달래는 도락이 아니라는 것을 자각하였다. 이런 자각 속에서 이른바 "사실의 이야기"에서 벗어나 새로운 소설형식을 모색한 첫 결실이 『마디』이다.

그러나 인습적 사실에의 충실보다 철학적 사색과 상상을 통해 삶의 진실을 모색하는 데 더 큰 비중을 둔 이 '철학적 로맨스'에 대해 독자 대중의 반응은 냉담했다. 그는 좌절감을 느끼면서 독자를 되찾고자 이전의 스타일로 되돌아가 『레드번』과 『화이트 재킷』을 내쳐 썼다. 그러나 멜빌은 시장터의 언어에 맞서서 자신만의 개성적인 언어를 창조하고자 하는 열망을 억누를 수 없었다. 그는 『마디』에서 시도했던 '예술이라는 천사'와의 싸움을 다시금 시작한다. 문학이 예술의 경지에 이르고자 한다면, 그것은 마땅히 진실의 탐구여야 한다. 그는 막연하지만 문학의 길을 이렇게 생각했다. 그는 실재의 축을 꿰뚫어 섬광처럼 번쩍이는 "직관적 진실"을 독자적인 언어로 표현하고자 했다. 『모비딕』은 이런 염원의 소산이다. 그것은 자기 진실이 배인 독창적인 언어의 창조를 위해 멜빌이 대중의 문학적 취향과 맞서서 싸운 투쟁의 기록이나.

빈번하게 등장하는 안정적인 세계 너머로 비상하는 이미지, 인식의 경계를 넘나드는 과잉의 언어, 그리고 거친 가장자리를 드러내는 규정짓기 힘든 소설의 형식은 이 투쟁이 얼마나 치열한 것이었는지를 말해준다.

　1849년 10월, 멜빌은 『화이트 재킷』의 원고를 손에 들고 영국 여행에 나섰다. 그즈음 개정된 영국의 출판법으로 인해 영국에서의 출판 사정이 악화되자 이를 타개하고, 짧은 기간 동안의 집중된 글쓰기로 누적된 피로도 풀 겸해서였다. 그는 자신의 책을 출판해준 런던의 출판업자들을 처음으로 만났다. 그는 그들의 주선으로 다른 출판업자들과도 만나 『화이트 재킷』의 출판 상담을 성공적으로 마무리 지었다.

　멜빌은 11월 말, 파리, 브뤼셀, 쾰른 등을 여행하고 다시 런던으로 돌아왔다. 그는 기회가 될 때마다 연극을 관람하고, 화랑과 박물관을 방문하여 그림을 보고, 책방을 찾아 구하고 싶던 책을 사는 등 작가로서 재충전의 시간을 가졌다. 연말에 접어들면서, 멜빌은 첫아들 맬콤과 아내에 대한 그리움을 일기에 자주 토로한다. 가족들에 대한 그리움과 솟구치는 창작열을 이기지 못해, 멜빌은 원래 일 년여로 잡았던 여정을 단축, 1850년 2월 뉴욕으로 서둘러 돌아온다. 멜빌은 곧바로 『모비딕』 집필에 들어갔다.

　소재는 자신의 남태평양 편력에서 **빼놓**을 수 없는 고래잡이 체험이었다. 집필은 놀라울 만큼 빨리 진척되어 8월 초에 멜빌은 거의 완성단계에 이른 작품을 그를 방문한 뉴욕의 평론가 다익킹크에게 보여준다. 그러나 『모비딕』이 정작 출판사로 넘겨진 것은 그로부터 거의 1년이 지난 1851년 7월 중순 경이다. 멜빌은 1년여에 이르는 이 기간을 『모비딕』의 개작으로 보낸 것이다. 속필을 자랑하는 그로서는 대단히 예외적인 일이라 아니할 수 없다. 『모비딕』은 이 개작을 통하여 어쩌면 범용하였을 고래잡이 모험담에서 오늘날 우리가 읽는 "악마적인 책"으로 변모한 것이다. 멜빌 연구가들은 이 변모의 탐구에서 걸작 탄생의 비밀을 발견하고자 애써왔다.

호손과 셰익스피어의 영향

결정적 동인은 이제 『모비딕』에 얽힌 신화가 되어버린 호손과의 만남이었다. 1850년 8월 5일 멜빌은 한 친지가 주선한 버크셔의 모뉴먼트 산 등산모임에서 다익킹크를 비롯한 뉴욕의 문사들 그리고 올리버 웬델 홈즈(Oliver Wendell Holmes)와 더불어 호손을 우연히 만나게 된다. 그는 즉각 호손에게 매료된다. 멜빌은 그의 숙모로부터 건네받고서 읽지 않고 있었던 호손의 『목사관의 이끼』를 열중하여 읽고 곧 그 서평을 쓴다. 그것이 오늘날 그의 문학적 성명서로 자주 인용되는 「호손과

나사니엘 호손, 찰스 오스굿(Charles Osgood)의 초상화(1840).

그의 이끼」이다.

멜빌은 호손에게서 "흑암의 엄청난 힘(a great power of blackness)"을 조용히 응시하는 지성과, 셰익스피어처럼 사물의 깊이를 헤아려 내는 공감적 상상력, 그리고 감각적인 것과 지적인 것이 혼융된 유기적 문체에 특히 주목을 하고, 호손에의 친화감을 통해서 자신의 창조적 상상력의 가능성을 확신한다. 멜빌은 이 에세이에서 또한 소설을 "진실을 말하는 위대한 기예"로 정의하고, 거짓이 만연하는 세상에서 진실 탐구의 어려움을 강조한다: "이 거짓된 세상에서 진실은 숲 속의 신비한 흰 사슴처럼 사라질 수밖에 없으니, 그것은 셰익스피어나 진실을 말하는 위대한 기예를 갖춘 거장들의 작품에서처럼 은밀하게 그리고 이따금씩 찰나적인 모습으로만 살짝 그 자신을 드러낼 뿐이다."

두 번째 요인으로는 셰익스피어의 영향을 꼽을 수 있다. 멜빌은 1849년 2월에 다익킹크에게 보낸 편지에서 자신은 29살이 되어서야 "신성한" 셰익스피어를 처음 읽었다고 한탄하면서 그 문학세계의 경이로움을 토로하고, 메시아가 온다면 셰익스피어의 모습으로 올 것이라고 썼다. 그것이 불과 일 년 전이니 셰익스피어가 준 강렬한 인상은 『모비딕』을 집필할 당시에 여전했다고 볼 수 있다. 그는 「호손과 그의 이끼」에서도 삶의 어두운 진실, 곧 "생동하는 진실의 건전한 광기"를 이야기하는 햄릿, 타이몬, 리어 왕, 이아고와 같은 인물들을 특별히 언급하고 있다. 이들은 한 가지에 오롯이 집착하는 성격으로 비극을 부르는 인물들이기도 하다. 일념으로 고래를 추적하는 아합에게서 이들의 그림자가 어른거리는 것은 결코 우연이 아닌 것이다.

그러나 이런 요인들의 지나친 강조는 경계할 필요가 있다. 가령 호손과의 만남이 멜빌의 문학세계를 달라지게 만든 것을 부인하기 어렵지만, 그렇다고 그것이 변모의 모든 것을 말해주는 것은 아니다. 더욱이 개작으로 작품이 얼마나 변모되었는지 아무도 정확히 알 수 없다. 다만 추정에 불과할 뿐이다. 「호손과 그의 이끼」의 경우도 호손에 관한 진술의 대부분은 멜빌 자신에게도 바로 해당되는 말이기 때문이다. 그는 호손 속에서 자신을 보고 있었던 것이다. 따라서 호손과의 만남을 멜빌의 내면에 잠재해 있던 문학 혼을 일깨운 촉매 정도로 보는 것이 보다 온당할 것이다. 아무튼 그 개작의 일 년이 멜빌에게는 그 어느 때보다도 문학에의 열정이 뜨겁게 불타오

피츠필드의 멜빌 생가. 1850년 이곳으로 이사한 후 멜빌은 『모비딕』의 집필에 열중했다.

른 시기였던 것은 분명하다.

뉴욕 생활을 청산하고 매사추세츠주 서쪽 한적한 피츠필드에 마련한 집으로 이사하여 자리가 잡힌 1850년 겨울 무렵부터는 특히 그러했다. 그는 추수감사절에도 식구들만 파티에 보내고 혼자 집에 남아 글을 썼다. 아들집을 방문하고 뉴욕으로 돌아가는 어머니를 배웅하면서 그는 기차가 도착하려면 1시간이 넘게 남았는데도 시간이 아까워서 어머니를 정거장에 내팽개치듯이 내려놓고 곧바로 집으로 돌아와 글을 썼다. 이 때문에 그는 어머니의 원망을 두고두고 들어야 했다. 이런 집념과 열정적인 헌신이 있었기에 『모비딕』은 삶의 다원성과 그것에 대한 원숙한 비전이 담긴 독창적인 책이 될 수 있었던 것이다. 그는 소설이 완성된 후 그 스스로 걸작을 썼다는 자부심을 느끼고 있었다. 1851년 11월, 막 출판된 『모비딕』에 대해 상찬의 편지를 보내온 호손에게 그는 이렇게 답신을 썼다. "나는 사악한 책을 썼다. 그러나 양처럼 순결한 느낌이다."

『모비딕』개관

"웅대한 책"

 멜빌은 웅대한 주제를 택해야 웅대한 책이 될 수 있다고 썼지만, 『모비딕』의 웅대함이 주제의 웅대함으로 말미암는 것은 물론 아니다. 삶에 대한 깊은 통찰, 그 복합적 다원성을 아우르는 총체적 비전, 그리고 그것의 독창적 형상화가 남다르기 때문에 그것은 웅대한 소설이다. 『모비딕』은 삶의 어두운 진실, 그 "흑암의 거대한 힘"을 응시한다. 그러나 그것은 멜빌의 후기 소설처럼 부정과 풍자의 대상이 아니라, 탐구와 성찰을 심화시키고 삶의 지평을 확대시키는 바탕을 이룬다.

 멜빌은 『마디』에서 자신의 내면에 수천의 영혼이 숨쉬며 대화를 나누고, 마치 수많은 강줄기가 흘러들어 거대한 미시시피 강을 이루듯이, 과거와 현재가 함께 쏟아져 대하를 이루고 있다고 적은 바 있다. 『모비딕』은 바로 이러한 삶의 총체성을 지향한다. 그것은 한 문화가 향유할 수 있는 모든 삶의 가능성을 탐구하고 시험해보고자 하는 백과사전적 상상력의 소산이다. 이 총체적 상상력이 빚어낸 『모비딕』은 그 웅대한 주제에 걸맞게 온갖 종류의 담론과 허다한 문학적 형식과 기교가 어우러진 특이한 혼성 양식을 보인다.

삶의 총체 상을 지향하는 대하소설임에도 불구하고 『모비딕』의 줄거리는 간단히 요약될 수 있다. 그것은 피쿼드라는 고래잡이배에 승선, 태평양으로 고래잡이 나갔다가 뱃사람들에게 모비딕이라 불리는 거대한 흰 고래에 받혀 배가 침몰하는 바람에 그것을 포획하고자 하는 광기어린 집념에 사로잡힌 선장을 비롯하여 다른 모든 동료 선원들이 사망한 가운데 혼자 살아남은, 스스로를 이스마엘이라 불러달라고 요구하는, 한 젊은이의 체험담이다. 자신이 고래잡이에 나가게 된 동기를 밝히면서 이야기를 시작하는 이스마엘은 바다에서 겪은 체험을 대체로 일어난 시간 순서에 따라 진술해 나가는데, 그것을 다시 공간적 이정(里程)으로 구체화한다면, 피쿼드 호에 승선하기까지 뭍에서 겪은 일들, 낸터키트로부터의 출항, 고래를 뒤쫓으며 바다에서 보고 체험한 여러 사건들, 그리고 흰 고래 모비딕의 광적인 추적의 귀결인 대파국으로 이어진다.

　이와 같은 큰 이야기 줄거리로부터 수많은 작은 이야기들이 파생되어 나와 『모비딕』 전체 135장을 구성하고 있다. 다시 말해 『모비딕』은 전통적인 선조적 서사 방식을 따르면서도 그 흐름을 흐트러뜨리는 탈선적 욕망이 교차하면서 대단원을 향해나가는 개방적 형식으로 특징지을 수 있다.

　멜빌 자신이 이스마엘의 입을 빌려, 『모비딕』은 "세심한 무질서"의 방식으로 구성된 것임을 말한 바 있지만, 이 복합적인 서사의 진정한 원동력은 무엇보다 자신이 참여하고 관찰한 사건들을 기억 속에 재구성하면서 그것들을 보다 분명히 이해하고 그 의미를 보다 철저하게 분석해보고자 하는 화자 이스마엘의 강렬한 앎에의 의지이다. 이스마엘에게 세상은 경이로움 그 자체이다. 삶의 온갖 편편상은 그의 호기심의 대상이다. 그는 "세상의 모든 일들에는 어떤 의미가 잠겨 있다"고 생각한다. 유명한 「고래의 흰 색」 장에서 이스마엘은 또 이렇게 말한다. "무엇보다 나를 전율케 하는 것은 고래의 그 흰 색이다. 그러나 이것을 어떻게 설명할 수 있단 말인가. 애매하고 난삽하더라도 그러나 어쨌든 나는 설명하지 않으면 안 된다. 그렇지 않으면 지금까지 쓴 이 모든 것들은 아무런 의미가 없다." 삶의 애매성과 불투명성은 이처럼 이스마엘에게는 오히려 그것을 파헤쳐 궁극적 진실에 도달하고자 하는 지적 욕망을 자극할 뿐이다.

이 의미의 발견, 바꿔 말하여 삶의 궁극적 진실의 추구는 실상 피쿼드 호의 여정을 특징지을 뿐만 아니라 그 여정의 주인공 선장 아합의 광적인 모비딕 추적의 진정한 심리적 동인이기도 하다. 말 못하는 짐승에 대해 복수하려고 하는 것은 불경스러운 독신적인 행위일 뿐이라는 일등항해사 스타벅의 힐난에 대해 아합은 그것이 모든 불가해한 것의 화신이기 때문에 견딜 수 없노라고 대답하는데, 바로 이 점에서 이스마엘은 아합의 "꺼질 줄 모르는 분노"를 자신의 것으로 수용한다. 작품의 서두에서 이스마엘이 밝히듯이, 그를 험난한 바다로 내몬 것은 "요원한 것에 대한 끊임없는 갈망", 혹은 그의 영혼을 사로잡고 있는 "베일에 가린 거대한 삶의 환영" 바로 그것이기 때문이다.

그러나 이스마엘은 낭만적 환상에 젖어 있는 물정모르는 철부지가 아니다. 그는 육지에서의 삶이 어느 하나 뜻대로 되지 않는 좌절감과 절망에 빠져 그의 영혼이 "축축하게 젖어 있는 동짓달" 같은 상황에서 권총과 탄환으로 자결하는 대신 마지막 삶의 대안으로 고래잡이배를 타기로 작정하였다. 이스마엘은, 그의 이름의 성경적 인유가 시사하듯이, 이미 엄혹한 삶의 현실을 그 밑바닥까지 체험하고 그로부터 밀려난 국외자로서 그의 모험을 시작하는 것이다. 그에겐 『타이피』의 토모나 『레드번』의 주인공 레드번처럼 돌아가 그의 이색적인 체험을 들려줄 "가정"도 "어머니"도 존재하지 않는 고아인 것이다. 국외자로서의 절망적인 소외감에서 선택한 여정이기에 이스마엘은 피쿼드 호의 선상에서 벌어지는 삶의 현실을 그것이 아무리 고통스럽고 두렵고 위험스러운 것일지라도, 있는 그대로 주어진 삶의 조건으로 바라볼 수 있는 것이다.

텍스트의 세계

삶과 죽음, 세속적인 것과 천상적인 것, 광기와 이성을 "평등한 눈으로" 바라볼 수 있는 마음의 자세, 이것이 이스마엘 탐구 여정의 추동력이고 그의 앎에 대한 의지의 본질이다. 그렇기 때문에 그는 손쉬운 기성의 철학이나 믿음을 거부한다. 그 자신 삶의 경이에 대해 명상하고 '철학' 하지만, 칸트나 로크에 의지해서 사유하지 않는다. 오히려 그들을 내던져 버릴 때 "가볍고 바르게" 살 수 있다고 그는 주장한다. 철학적 범주를 포함한 모든 형식적 체계에 대한 이스마엘의 불신은 고래잡이들의 교회의 매플 신부가 표상하는 정통 기독교 신앙에 대해서도 표출된다. 그는 "하나님에게 복종하기 위하여서는 우리 자신을 부정해야 한다"는 매플 신부의 간명한 이분법적 논리나 믿음이 곧 구원이라는 낙관적 경건주의로부터 아무런 위안도 얻지 못한다. 줄사다리를 타고 오르내리는 매플 신부의 설교단이 상징하는 세속 세계와의 단절성은 삶의 원리로서의 기독교 신앙의 무력함을 드러낸다. 멜빌에게 기독교는 그 기의를 상실한 화석화된 기표일 뿐이다. 마찬가지로 이스마엘에게는 열정적이고 논리정연한 매플 신부의 설교도 공허한 수사요 의미없는 우화일 뿐이다.

이스마엘의 탐구욕은 무엇보다 소설의 중앙부를 이루는 방대한 분량의 이른바 "고래학 센터"의 장들에서 확인된다. 여기에서 이스마엘은 고래의 종류, 생태, 서식지, 몸체와 각 부분의 기능, 그것의 해부 등 고래의 온갖 양태를 탐구할 뿐만 아니라 고래잡이 장비, 방법, 역사 및 고래 기름의 정제 과정에 대해 상세하게 설명함으로써 독자로 하여금 19세기 포경산업의 전모를 파악할 수 있도록 해준다. 고래와 고래잡이에 대한 이스마엘의 이와 같은 백과사전적 체계화는 그 자신의 표현을 빈다면 "도서관을 누비고 대양을 편력한" 결과의 소산이다. 당대 사회에 유포되어 있는 모든 이용 가능한 문화적 기억을 텍스트화하고자 하는 이러한 욕망은 『모비딕』의 서두를 차지하고 있는 「어원」의 장과 「초록」의 장에서도 드러나 있다. 고래에 대한 인간의 관심이 어느 한 문화에만 국한된 것이 아니라 보편적인 것이며 그 역사 또한 유구한 것임을 상기시킴으로써 이후 전개될 고래잡이 이야기에 서사시적 권위를 부여하는 이 두 개의 장은 그와 함께 그것이 행동의 세계일뿐만 아니라 상상력과 지적 사유의 세계임을 강조하고 있다.

『모비딕』은 이처럼 멜빌 자신의 고래잡이 체험담일 뿐만 아니라 그의 지적 편력기이다. 여기에서 우리는 그리스 신화에서부터 이집트·인도·이슬람·폴리네시아 신화, 성경, 호머·버질·플루타크·셰익스피어·라블레·스위프트를 비롯한 수많은 고전 작가들, 그리고 제임스 쿡·찰스 윌크스와 같은 여러 항해가들의 여행기에서 끌어오는 허다한 인용과 암유를 발견할 수 있다(한 연구가는 『모비딕』의 원전으로 160여 개 이상의 텍스트를 찾아내고 있다).

『모비딕』은 실로 수많은 목소리와 여러 가닥의 언술들이 서로 부르고 화답하고 반문하고 충돌하는 공간이다. 그것은 인용, 인유, 차용, 전유, 모방, 패러디, 다시 쓰기의 만화경이 펼쳐지는 담화의 우주이다. 『모비딕』의 형식을 특징짓는 이러한 상호텍스트성(intertextuality)과 작가의 박물학적 상상력은 지속적인 영토 확장과 산업화 그리고 이민의 증가로 급격한 사회변동을 겪고 있던 당대 미국문화의 코스모폴리탄적 개방성과 타 문물을 수용하는 왕성한 동화력을 반영한다고 말할 수 있다.

멜빌 문학을 관통하는 격정적인 에너지와 과감한 실험정

신 그리고 왕성한 지적 욕망은 이러한 유동적이고 팽창일로에 있었던 사회가 아니고서는 배태할 수 없는 것이다. 박물학적 지식의 아카이브라고 말할 수 있는 에머슨과 소로우의 방대한 일기나 "카탈로그 수사학"으로 특징지어지는 휘트먼의 시 역시 격동과 변화로 출렁인 멜빌시대의 소산이다. 그러나 이질적인 당대 미국사회의 가능성과 다양성을 멜빌만큼 극단적으로 시험해 본 작가는 찾기 힘들다.

의미의 다원성과 개방성

고래학의 장들은 또한 이야기의 핵심을 이루는 선장 아합과 흰 고래 모비딕의 대결을 극화하는 배경이기도 하다. 고래에 대한 박물학적 설명을 통해 서서히 강조된 그것의 신비성 혹은 궁극적 불가해성은 결국 모비딕을 신화적 존재로 탈바꿈시키면서 그와 아합과의 갈등은 여러 가지 해석을 강요하는 지극히 상징적인 드라마로 클로즈업 된다. 상식을 존중하는 일등항해사 스타벅의 눈에 "말 못하는 짐승"으로만 비칠 뿐인 모비딕을 "신비적 의미"로 충전된 상징으로 변모시키는 무엇보다 가장 중요한 동인은 아합의 편집광적인 추적 행위 그 자체이다. 그 집요한 추적은 우선 자신의 한쪽 다리를 앗아간 모비딕에 대한 아합의 복수욕에서 비롯된 것이다. 그러나 소설이 진행되면서 그 복수욕은 아합의 개인적인 울분과 원한의 차원을 넘어서서 보다 심층적이고 복합적인 현실의 표상으로 나타난다. 가령 유명한 뒷갑판 연설에서, 아합은 부하 선원들에게 모비딕을 포획하는 일에 모두 동참하길 호소하면서, 그것이 불가해한 악마적 의지의 화신임을 역설한다. 그리하여 아합은 자신의 추적을 세계에 편재하는 악과의 투쟁으로 정당화한다.

그러나 소설은 또한 이와 전혀 다른 해석의 여지를 마련해 놓고 있다. 예컨대 스타벅은 말 못하는 짐승에 대해 맹목적인 분노를 터뜨리는 것은 곧 신을 모독하는 행위라고 생각한다. 이스마엘 또한 이와 비슷하게 모비딕을 자연현상의 배후에 있는 절대적인 질서의 표상으로 간주함으로써 아합의 복수를 그 질서에 도전하는 프로메테우스적 반항 혹은 오이디푸스적 비극으로 읽도록 유도한다. 그러나 고래의 흰색의 상징성을 논하는 대목에서 이스마엘은 이와 다르게 모비딕을 인간의 공포심을 자극하는 모든 불가해하고 불확실한 것의 상징으로 묘사한다. 따라서 모비딕은 시각에 따라 그 의미하는 바가 달라지는 "떠도는 기표"인 것이다. 『모비딕』은 이처럼 다양한 해석의 계기를 스스로 마련하는 열린 텍스트이다.

텍스트에 새겨 있는 다원성과 개방성을 십분 음미하는 것은 사실 24만 단어에 이르는 이 방대하고 난해한 작품을 이해하는 관건이다. 『모비딕』은 한 가지 해석 틀로 환원되길 거부하는 작품이다. 우선 장르 면에서 보더라도 그것은 대단히 사실적인 고래잡이 이야기이면서 동시에 삶의 무한한 변화를 노래하는 서사시이고, 주어진 운명에 항거하는 장엄한 비극이면서 또한 남북전쟁 직전의 미국 사회상의 축도이기도 하다.

한 연구자는 『모비딕』에 차용된 장르는 런던의 고서점에 들어가서 서가에서 발견할 수 있는 모든 종류의 책들을 망라할 정도로 다양하다고 지적한 바 있다. 소설의 이러한 다양성, 복합성, 잡종성, 혹은 심지어 서로 상충되기까지 하는 모순성을 수용할 때 비로소 그것의 심오하고 풍요한 의미에 가까이 다가갈 수 있다. 텍스트를 통어하는 일관된 질서를 발견하고자 하는 노력을 시각을 달리하여 반복함으로써 작품을 감싸고 있는 여러 층위를 드러내는 독법이 『모비딕』만큼 절실한 경우도 드물 것이다.

주인공·인물들

주인공은 누구인가?

『모비딕』이 아합과 흰 고래 모비딕의 대결의 드라마라면, 그 주역은 당연히 이 양자와 그것을 가까이서 지켜보고 이야기로 꾸민 이스마엘일 것이다. 이 세 주역 가운데 주인공을 꼽으라면 누구일까? 화자 이스마엘인가, 자신의 다리를 앗아간 흰 고래를 편집광적 일념으로 추적하는 아합 선장인가, 아니면 아합과 그의 배를 수장시키고 소용돌이치는 심연으로 유유히 사라진 흰 고래 모비딕인가. 주인공이 누구냐에 따라 소설의 의미가 사뭇 달라지기 때문에 이 문제의 규명은 『모비딕』의 비평사에서 큰 비중을 차지해 왔다.

멜빌의 초창기 독자들은 대부분 아합이나 신비스러운 흰

고래 쪽에서 이야기의 흥미를 찾았다. 그의 소설을 한 줄도 읽지 않은 미국인일지라도 아합이나 모비딕의 이름은 알고 있다는 점이 그 증거이다. 뿐만 아니라 영화, 라디오 드라마, 혹은 만화로 번안·각색된 경우 거의 대부분이 아합을 중심 인물로 삼고 있는 점에 비추어 볼 때, 『모비딕』은 미국의 대중적 상상력 속에서 단연 아합의 책이라고 말할 수 있다. 사실 그의 카리스마적 권위, 자기 확신과 오롯한 집념, 운명에의 도전 의식, 그리고 그의 극단적 소외감은 햄릿, 리어왕, 오이디푸스, 혹은 파우스트와 같은 세계문학 속의 걸출한 인물들과 어깨를 겨룸에 조금도 부족함이 없다고 하겠다.

그러나 1920년대 멜빌 부활 이후 그에 대한 관심이 그의 전기적 사실과 원전 텍스트를 확인하는 실증적 연구에서 그의 문학적 상상력과 언어 예술의 특징을 살피는 쪽으로 심화되면서 아합을 소설의 주인공으로 파악하던 종래의 시각에 변화가 일기 시작한다. 연구자들은 이야기 전체를 통어하는 의식으로서 화자 이스마엘의 존재에 주목하기 시작하였다. 가령 비잰슨(Walter E. Bezanson)이라는 연구자는 『모비딕』은 아합의 책도, 흰 고래 모비딕의 책도 아니고, 바로 이스마엘의 책이라고 천명하고, 그가 "의미의 진정한 중심이자 소설의 구성적 힘"의 원천이라고 주장한다.

비잰슨이 말하는 이스마엘은 물론 피쿼드 호의 상갑판 신원으로서 고래잡이에 참여한 젊은 이스마엘이 아니라 아합의 파국적인 모비딕 추적에서 유일하게 살아남아 피쿼드 호 선상에서 일어났던 사건들을 일관된 이야기로 꾸며 들려주는 이야기꾼 이스마엘이다. 비잰슨이 이스마엘을 『모비딕』의 중심으로 보는 근거는 그가 고래잡이라는 '소재(matter)'와 거기에 참여한 사람들이 겪는 여러 이질적인 '경험(experience)'을 하나로 묶어서 의미 있는 '예술작품'으로 만드는 구성적 원리라는 데 있다. 그는 『모비딕』은 어떤 정해진 전범으로 구속될 수 없는 백과사전적 다양성의 세계이지만, 이스마엘의 이야기가 진행되면서 그 이질성들이 상호 유기적으로 연관되었다가 풀어지고 이어서 다시 새로운 질서를 구축했다가 풀어지는 과정을 반복하는 독특한 구조를 보인다고 지적하고, 이런 시각에서 『모비딕』을 "열린 유기적 형식"을 지닌 이스마엘의 "거대한 상징적 산문시"라고 지칭한다.

아합과 이스마엘

『모비딕』을 실존주의적 시각에서 조명한 또 다른 연구자는 소설이 아합과 이스마엘이라는 서로 다른 의식의 대립 위에 구축되어 있다고 전제하고, 아합의 광기에 가까운 집념과 이스마엘의 포용적 휴머니즘을 대비시킨다. 그는 망설임 없이 곧장 앞으로 내닫는 아합의 모비딕 추적이 "절대주의자의 추구"로서의 특징을 보인다면, "합리적 상대주의자"라고 할 수 있는 이스마엘은 모든 존재를 감싸 안는 원형적 세계를 펼쳐 보인다고 지적한다. 그는 또한 양자의 차이를 '선'과 '원'이라는 대조적 상징으로 요약하면서, 이스마엘의 인도에 따라 고래와 고래잡이의 이모저모를 살피는 소설의 중앙에 위치한 '고래학의 장'들은 소설 구조상으로 아합이 주도하여 앞으로 내닫는 모비딕 추적의 이야기를 가로막고 제동을 걸어 이야기를 우회시키는 역할을 한다고 지적한다. 인식론적으로도 아합의 고래 추적이 자기 확신에 찬 영웅적인 면모를 과시한다면, 이스마엘은 고래에 대해서 아무리 세밀히 탐구를 하더라도 결국은 그 실체를 알 수 없다는 불가지론적 회의주의를 드러낸다. 성격상으로 아합이 인간혐오주의자라면 이스마엘은 박애주의자이고, 심리적으로 아합이 머리 쪽이라면 이스마엘은 가슴에 기울여져 있고, 사고방식에서도 아합이 연역적이고 편집광적인 데 반하여, 이스마엘은 귀납적이고 양면적이다.

아합과 이스마엘을 보는 시각의 이 같은 양극화는 『모비딕』에 대한 페미니즘 비평에서도 찾아볼 수 있다. 여성이 전혀 등장하지 않는 이 소설은 흔히 19세기 중엽 미국 사회의 남성적인 가치와 가부장제 이데올로기를 선양하는 것으로 평가되어 왔다. 가령 자주 언급되는 23상 「바람이 불어 가는 해안」에서 이스마엘은 모든 심원하고 진지한 사상은 "망망한 바다의 독립성"을 유지하기 위한 영혼의 담대한 노력의 소산임을 말하고, 지고의 진리 추구에서 경계해야 할 적으로 광풍 속에서 항구로 돌아가고자 하는 충동, 곧 그것이 표상하는 "안전, 위안, 벽난로, 저녁식사, 따뜻한 이불, 친구"를 지목한다. 이스마엘은 말하자면 거친 바다의 세계를 남성적인 것으로, 뭍의 세계를 여성적이고 가정적인 것으로 대비시키고 있는 것이다.

여기에서 이스마엘은 바다와 뭍을 구분하고, 광활한 바다의 자유와 독립성을 찬양하고 있지만, 대부분의 페미니즘 비평가들은 『모비딕』에서 이 같은 남성적 가치를 표상하고 있는 인물은 이스마엘이라기보다는 아합이라고 생각한다. 이스마엘이 남성적인 "존재론적 영웅학"을 찬양하면서도 또한 이야기의 진행과 더불어 그와 상반된 가정적 가치의 중요성에 눈떠가는 것을 볼 수 있기 때문이다. 94장 「손을 주물러 짜기」에서도 이스마엘은 다른 선원들과 손을 맞잡고 향유고래의 기름덩어리를 짜내면서 "풍요하고, 사랑스럽고, 친근하고, 애정 어린" 감정에 젖는다. 따라서 그의 자아 추구는 아합과 달리 남성적인 것은 물론 여성적 가치를 동시에 내면화하는 양성적 성격을 띤다고 말할 수 있다. 페미니스트 비평가들은 아합의 카리스마적 권위와 편집광적 모비딕 추적이 결국 대파국으로 끝나는 것에서 남성적 에토스에 전적으로 지배되는 삶의 파괴적 불모성을 보고 있는 것이다.

『모비딕』을 정치적 알레고리로 보는 시각에서도 아합과 이스마엘은 선명하게 대비되는 인물이다. 모비딕에 대한 자신의 개인적 복수에 선원들의 동참을 강제하는 아합이 전체주의적 의지의 표상이라면 이에 대항하는 이스마엘은 자유를 상징한다고 볼 수 있다. 이런 시각은 최근에 전체주의적 공산체제와 자유민주주의 체제로 세계를 양분시켜 본 냉전이데올로기에 의한 단순화라는 비판을 받기도 했다.

'모비딕' : 다의적 상징

소설의 성격으로서 이스마엘의 중요성이 부각되면서 아합과 이스마엘의 대립 구도가 『모비딕』의 중앙무대를 차지한 나머지 정작 소설의 골격을 이루는 아합과 흰 고래 모비딕 양자가 벌이는 결사적 대결은 부차적인 것으로 물러난 느낌이다. 그러나 이 드라마를 배제한 『모비딕』은 생각할 수 없는 일이다. 다시 말해 『모비딕』에서 흰 고래 모비딕은 이스마엘과 아합 못지않게 중요한 성격이다. 그러나 그 실체적 성격에 관한 한, 모비딕은 실로 수많은 해석을 유발해 왔다. 모비딕이 이런 다의성의 중심에 서게 된 것은 역설적이게도 이스마엘이 아합을 제치고 소설의 핵심 인물로 떠오른 결과이나. 그래가 시종 불가사의한 존재, 심오한 진리를 내포하고 있는 미스터리로 강조되는 것은 고래학의 장을 관류하는 인식론적 관점에서라는 것을 상기할 필요가 있다. 다시 말해 이스마엘의 상상과 인식의 대상이 되면서 모비딕은 알 수 없는 불가해한 존재로 부각된다. 예컨대 고래의 꼬리를 세세히 살펴본 후 이스마엘은 이렇게 한탄한다: "내가 아무리 분석해보아도 고작 껍질을 벗기는 정도에 불과하다. 나는 고래를 모른다. 앞으로도 결코 알 수 없을 것이다." 고래 꼬리의 정확한 실체를 결코 알 수 없다는 이스마엘의 한탄은 모비딕에 대한 그의 태도에서 그대로 반복된다.

이스마엘로 하여금 인간의 인식 일반의 한계를 절감케 한 모비딕의 다의성 중 두드러진 몇 가지만 살펴보자. 우선 모비딕의 거대한 흰 빛 외양은 이스마엘에게 삶의 경이요 신비의 표상이다. 이 환영에 매혹되어 고래잡이를 나서게 되었다고 그는 소설의 첫 머리에서 고백하고 있다. 모비딕은 또한 경이적 편재성과 인간의 집요한 공격에도 살아남는 불멸성으로 초월적인 신의 현현으로 비치기도 한다. 거대한 몸집과 괴력 그리고 그것이 불러일으키는 막연하면서도 섬뜩한 공포감은 모비딕을 무심하고 폭력적인 자연 그 자체의 표상으로 보이게도 하다.

소설의 42장 「고래의 흰 색」을 채우고 있는 흰 색에 대한 이스마엘의 사색은 모비딕의 의미를 헤아려 보려는 시도의 하나이다. 여기에 흰 색을 색깔이라기보다는 "색깔의 부재" 곧 의미의 부재 혹은 삶의 공허와 연관시키는 인상적인 대목이 있다. 이런 관점에서 모비딕은 존재의 근원적 결핍, 현상 너머의 절대적인 무의미로 해석할 수도 있다. 이처럼 불확정적 다면체의 모습으로 나타나는 모비딕이지만 오직 일념의 욕망에 불타는 절대주의자 아합의 시선 앞에서는 단지 한 가지 이미지, 곧 모든 악마성의 표상으로 환원될 뿐이다. 모비딕을 인간의 삶에 내재하는 모든 사악함, 파괴해야 할 벽으로 몰아붙이면서 아합은 자신의 추적을 정당화하고 선원들의 동참을 촉구한다. 그러나 이런 선악의 구도는 관점에 따라 곧바로 역전되기도 한다. 선원들의 간구와 인간적 정리를 무시하고 광적인 복수욕에 빠져들면서 아합은 악의 대리자로 비쳐지기도 하는데, 이 경우 모비딕은 악에 부당하게 쫓기는 선의 표상으로 이해될 수 있기 때문이다. 아무튼 모비딕은 이 다차원적 소설의 중심으로서 삶의 근원적 다의성의 표상이다. 한 연구자의 표현대로 그것은 "알 수 있으면서 알 수 없는 존재이고, 이름붙일 수 있으면서 이름붙일 수 없는 존재"이다.

다인종적 인물 구성

『모비딕』에는 이 세 주역들 이외에도 우리의 주목을 끄는 인물들이 여럿 있다. 우선 독실한 기독교도인 일등 항해사 스타벅이 있다. 그는 선원들 중 선장 아합의 광분과 선동적인 수사에 마음을 빼앗기지 않는 유일한 인물이다. 그는 아합의 광적인 복수욕과 폭군적인 전제를 제지하고 피쿼드 호를 상식의 세계로, 중산층 부르주아의 가치체계로 되돌리려고 노력하나 역부족이다. 이스마엘이 아합의 보이지 않는 대립자였다면, 신중하고 합리적인 스타벅은 그의 실질적인 대립자로서 그의 광기를 더욱 돋보이게 만들면서 소설에 서사적 긴장을 부여하는 인물이다.

남태평양 코코보코 섬 출신의 퀴퀙 또한 대단히 인상적인 인물이다. 그는 식인종으로 알려진 야만족 출신이고 이교도이지만, 그 누구보다도 고매하고 따뜻한 인물이다. 그는 문명인의 위선과 속임수를 모르는 정직하고 순진무구한 인물이다. 퀴퀙은 우상을 가까이 두고 경배를 게을리 하지 않는 이교도이지만, 기독교적 사랑과 인간애가 내면화되어 있는 가장 충실한 기독교도의 모습을 보인다. 인종과 종교를 초월하여 그가 이스마엘과 나누는 우정은 인종주의 이데올로기를 내세워 아메리카 인디언과 흑인을 짓밟고 억압하던 당대 미국사회에 대한 멜빌의 강력한 경고의 메시지라고 할 수 있다. 더 나아가 그들의 형제애는 전지구화 된 오늘의 다문화 사회에서 바람직한 사회적 관계의 표상이라고 할 것이다.

배화교도인 페달러 역시 주목된다. 그는 아합의 밀명으로 배 밑창에 숨어 있다가 아합이 처음으로 보트를 내려 고래를 쫓을 때 그의 작살잡이로 등장한다. 이교도로서 페달러 역시 피쿼드 호의 다채로운 인종 구성에 일조하는데, 아합에 대한 그의 말없는 헌신은 또 다른 대안적 삶의 자세라고 할 것이다. 아합의 운명에 대한 그의 예언은 소설을 신화적 분위기로 물들이는 한 요인이다.

이들 인물들 못지않게 독특한 것은 다인종적 인물 구성이다. 앞 갑판을 무대로 드라마 형식으로 전개되는 소설의 40장에서 우리는 5명의 낸터키트인, 네델란드·프랑스·아이슬란드 출신의 선원 각 1인, 시칠리아·롱아일랜드·아조레스·몰타·맨 섬 출신 각 1인, 중국인 1인, 라스카·타히티·포루투갈·덴마크·영국·스페인·벨파스트 출신의 선원 각 1인이 저마다 다른 개성과 기량으로 책무를 수행하고 있음을 발견한다. 여기에 작살꾼인 폴리네시아인 퀴퀙, 아메리카 인디언 타쉬테고, 흑인인 대구, 그리고 앨라배마 출신의 흑인 소년 핍을 합친다면, 피쿼드 호는 그야말로 인종의 전시장이다. 등장인물의 이와 같은 다인종화는 세계의 도처에서 선원을 충원해야 했던 당시의 고래잡이 관행을 반영하면서 동시에 멜빌이 살았던 19세기 미국의 인종적 현실을 표상한다.

또 다른 주목거리는 피쿼드 호의 위계적 인종 질서이다.

우선 선장과 고급 선원들은 백인들로 충원되어 있다. 이들에게는 종자라고 칭해지는 작살꾼들이 한 명씩 따르는데 이들은 모두 인종적 타자들이다. 일등항해사인 스타벅에게는 폴리네시아인 퀴퀙이, 이등항해사 스텁에게는 아메리카 인디언인 타쉬테고가, 삼등항해사인 플래스크에게는 아프리카 출신의 흑인인 대구가 각각 종자로 딸려 있다(아합의 경우도 예외가 아니어서 그의 작살꾼은 배화교도 페딜러이다). 피쿼드 호의 계급 구성이 인종을 기준으로 이루어져 있다는 점 역시 당대 현실의 반영이다.

중요 사건과 주제

이스마엘과 퀴퀙의 우정

소설의 서반부에서 가장 인상적인 사건은 이스마엘과 이교도 인물인 퀴퀙의 우정이다. 여관에 방이 없어서 한방에 동숙하게 된 이들은 당시의 사회적 관습으로는 생각하기 힘든 급속한 친교를 맺는다. 퀴퀙은 이교도인 데다가 온몸이 문신 투성이고 민머리의 무시무시한 외모를 지녔다. 그러나 그는 어느 백인 못지않게 고매한 품성을 지닌 인물이다. 그는 의지가 강하고 용감하면서도 따뜻한 마음씨의 소유자이다. 이스마엘은 그가 문명화된 위선과 기만을 모르는 순진무구한 인물이라는 것을 알고서 그에게 호감을 갖는다. 그 호감은 기독교도로서 우상을 숭배하는 이교도의 종교를 용인하는 개방적인 인간애로 발전한다.

종교와 인종을 초월한 그들의 우정은 참다운 나눔의 실천이기도 하다. 그들은 침구를 함께 사용하고 담배를 나누어 피운다. 서로 마음의 친구가 되기로 한 뒤, 퀴퀘은 돈과 귀중품 등 자신이 소유하고 있는 것의 반을 이스마엘에게 나누어준다. 이 나눔은 인간의 삶은 서로를 신뢰하고 상호 의존하는 관계 속에서 영위되는 것이라는 것을 일깨운다. 삶의 상호의존성은 뱃전으로 끌고 온 고래를 잘라내 처리하면서 서로 위험에 빠지지 않도록 두 사람이 원숭이 밧줄로 서로를 묶고 있는 장면에서 뚜렷이 부각된다. 이 자기 헌신적 우정이 종국에 이스마엘을 구하게 되었음은 의미심장하다. 열병을 얻어 사경을 헤매던 퀴퀘이 마련했던 관이 이스마엘을 살리는 부표의 역할을 하였기 때문이다. 퀴퀘은 병이 기적적으로 나은 후 관이 쓸모없게 되자 거기에 자신의 몸에 있는 것과 같은 문신을 새겨 넣었다. 다시 말해 퀴퀘의 관은 그의 분신이나 다름없는 것이다. 험난하고 고달픈 생활로 찢겨진 이스마엘의 마음을 어루만져 주었던 퀴퀘은 이처럼 죽음을 통해 다시금 이스마엘을 구원한 것이다.

이스마엘과 이교도 인물인 퀴퀘의 우정이 표상하는 상호신뢰와 민주적 평등에 기초한 수평적 관계는 아합과 선원들 사이를 특징짓는 지배와 복종의 수직적 관계와 대비된다. 멜빌은 이스마엘과 퀴퀙의 파격적인 우정을 상찬함으로써 미국은 힘 있는 자가 그렇지 못한 다수의 사람들을 억압하고 이용하는 사회 체제가 아니라 상호 호혜의 정신에 입각하여 모두가 공존 공영하는 참다운 의미의 민주주의 사회를 지향하여야 함을 역설하고 있다. 인종을 초월한 두 사람의 돈독한 우정은 인디언의 강제이주와 학살 및 노예제로 얼룩진 당대의 정치적 현실에 대한 우회적 비판인 것이다. 남부의 폭군적인 노예 소유주처럼 부하 선원들 위에 군림하는 아합의 배 이름을 17세기에 퓨리턴 이주민들에게 몰살당한 코네티컷 인디언 부족의 이름에서 따온 것이나 피쿼드 호의 백인 항해사들에게 각각 서로 다른 유색 인종의 작살꾼을 배치한 것 등도 같은 맥락에서 이해할 수 있다. 그러므로 여러 인종들이 뒤섞여 광활한 바다를 배경으로 펼치는 피쿼드 호의 선상의 삶은 대초원을 넘어 대륙 국가로 팽창하고 있던 당대 미국의 역사적 현실을 반영하면서 동시에 그 현실이 인종적 평등과 상호 공존에 바탕을 둔 진정한 민주주의 사회로 거듭나기를 바라는 멜빌의 희원을 표현하고 있다고 할 수 있다.

민주주의의 이상과 함정

이스마엘과 퀴퀙의 우정은 보통사람의 개인적 존엄성과 가치에 대한 멜빌의 신념의 표현이며 이 신념은 민주적 평등을 국민적 이념으로 선양해 온 미국적 전통에 뿌리박은 것이기도 하다. 평범한 일반인들 누구나에게 인간적 존엄성이 내재해 있다는 계몽주의적 인간관과 그러한 믿음을 바탕으로 해서 공동체의 발전이 가능하다는 멜빌의 메시지는 그를 가장 미국적인 작가로 만드는 핵심적인 요소이다. 멜빌은 피쿼드 호의 선원들을 언급하면서 피부 색깔이 다른 선원들을 개별적으로 보면 한 사람의 "천한 선원이고 건달이며 추방자"에 불과하지만, "평등의 정신" 아래 뭉쳐 "하나로 어우러지는 인간의 대륙"을 이룬다면, 이들에게서 "민주적 존엄성"이 광휘처럼 빛날 것이라고 적고 있다.

자신의 문학적 영감을 "위대한 민주주의의 신"에서 끌어오고 있다는 점에서 멜빌은 가령 후대의 해양 소설가 조셉 콘래드(Joseph Conrad)와 구별된다. 콘래드도 멜빌처럼 바다를 무대로 한 인간의 삶의 의미 탐색을 으뜸가는 관심사로 삼았지만 그의 시선은 멜빌이 "왕 같은 평민"이라고 부른 일반 선원 쪽보다는 질서와 권위의 유지를 강조하는 선장 쪽에 기울어져 있다. 두 사람 모두 광활하고 거친 바다가 환기하는 근원적이고 원시적인 힘에 이끌리지만 멜빌이 갑판을 지키는 평범한 선원들을 통해 표출되는 이 힘의 역동적인 가능성을 상찬한다면 콘래드는 그것을 두려움과 공포의 대상으로 여긴다. 검은 피부의 아프리카인들의 관습과 의식을 받아들인

『암흑의 힘 Heart of Darkness』의 주인공 커츠(Kurtz)를 문명 세계로부터 멀어진 퇴행적 존재로 그리고 있는 데서 그 점을 엿볼 수 있다.

민주주의에 대한 멜빌의 신념과 그 이상에 대한 상찬은 시대의식의 한 반영이다. 그러나 멜빌은 민주주의 이념의 확산을 미국의 소명으로 내세우면서 미국의 팽창을 정당화한 '명백한 운명'의 신봉자들과는 입장을 달리했다. 그는 민주주의를 국민적 이념으로 내세우면서도 그것을 따르지 못하는 미국의 현실을 고통스럽게 응시하였다. 다시 말하여 이스마엘과 퀴퀙의 우정이 표상하는 평등 사회에 대한 열망은 인디언을 삶의 터전에서 내몰아 학살하고 흑인을 노예제의 질곡에 묶어 억압하고 있는 미국의 사회적 모순에 대한 질타와 더불어 대안적 비전을 제시하고자 한 것이다. 이스마엘은 이렇게 말한다: "인간들은 합자회사나 국가의 구성원으로서는 혐오스러운 존재이지만...... 이념으로서의 인간은 참으로 고귀하고 찬란하며 참으로 웅대하고 장려한 존재이다." 여기에 암시된 이념과 현실의 착종은 텍사스 병합과 멕시코와의 전쟁, 노예제를 둘러싼 남북의 정치적 대립, 그 홍정의 소산인 도피노예법의 제정과 같은 민주적 이념을 배반하는 사회적 현실에 대한 작가의 고뇌를 고백한 것이다.

『모비딕』에서 민주주의의 취약성에 대한 작가의 통찰 또한 주목된다. 전통과 사회적 관습의 구속력이 약한 민주주의 사회에서는 다수를 앞세우는 무비판적 획일주의가 횡행할 수 있다. 토크빌(Alexis de Tocqueville)이 이른바 '다수의 폭정'이라는 개념으로 경계하고자 한 것도 이 점이다. 민주주의는 허울 좋은 이념과 선동적인 수사로 대중을 특정한 목적에 봉사하도록 만드는 전체주의의 유혹에 빠지기 쉽다. 카리스마적 권위와 교묘한 언변으로 피쿼드 호 선원들을 모비딕의 추적에 동참시키는 아합이 바로 그런 경우이다. 아합의 독선적 자기주장은 조화로운 인간관계를 파괴하고 모두를 죽음으로 내몬다. 대중의 동의를 빙자한 도구적 이념의 포로가 될 때 민주주의는 이처럼 그 이상과 달리 사회적 파탄을 자초할 수 있다. 『모비딕』은 민주주의 사회가 어떻게 해서 전체주의의 볼모가 되는지를 보여줌으로써 그것이 안고 있는 위험성에 대한 경계의 필요성을 환기시키고 있다.

바다와 육지

시인 찰스 올슨(Charles Olson)은 일찍이 『모비딕』의 세 가지 뛰어난 창조물로 아합, 모비딕, 그리고 태평양을 든 바 있다. 미국문학은 『모비딕』으로 인해 비로소 인상적인 바다의 모습을 갖게 되었다고 해도 과언이 아니다. 바다는 생명의 근원이다. 그것은 새 생명이 태어나는 보금자리요 생명을 유지시키는 자양의 공급처이다. 생명이 순환하는 터전으로서 바다는 서로가 서로에게 먹이가 되는 세계이다. 따라서 바다는 삶의 가장 근원적 양태, 생명의 건강한 원시성을 표상한다. 그러기에 바다는 인간을 본연의 상태로 돌아가게 한다. 에머슨이 말한 자연과의 본원적 관계가 회복될 수 있다는 점에서 바다는 육지와 대립된다.

   소설의 중요한 모티프를 이루고 있는 이 대립이 가장 선명하게 드러나는 것은 23장 「바람 불어 가는 해안」이다. 육지는 가정적인 안전과 위안을 제공하는 세계이다. 그것은 "벽난로, 저녁식사, 따스한 이불, 친구들"로 표상되는 여성적 세계이다. 그러나 이 가정적인 것은 강인한 의지, 자유, 남성적인 영혼의 세계를 위협하는 것이기도 하다. 육지는 이스마엘에게 우울증과 자살충동을 불러일으킨 세계이다. 육지는 관습과 주어진 질서에 순응하는 삶을 요구한다. 그것은 확정적이고 유한한 세계이다. 반면 경계가 없이 광활한 바다는 삶의 무한한 가능성의 표상이다. 바다는 유랑의 삶을 강요하지만 그것은 늘 변전하고 약동하는 삶, 새로운 비전과 가능성으로 열려 있는 삶을 약속하는 세계이다. 바다는 "신처럼 경계가 없고 무한한 지고의 진리"가 깃든 세계이다. 바다에서 인간은 주어진 질서와 가치를 벗어던지고 본래적인 삶으로 돌아가 참된 자아를 대면하고 새로운 삶의 길을 탐구한다.

이스마엘에게 바다는 인습의 베일이 벗겨진 자연, 해석의 프리즘으로 굴절되지 않은 시원적인 자연의 표상이다. 그러기에 그는 바다에서 삶의 경이와 신비를 체험한다. 바다는 실체 없는 환영을 자아내는 무한경이다. 때로 바다는 보이지 않는 영혼을 감추고 있는 듯이 보인다. 바다는 정신의 유추, 그 거울이기도 하다. 그러나 이런 물활론의 바다는 숭고함과 경외감 혹은 가공할 공포감을 불러일으키기도 한다. 푸르고 평온하고 아름다운 바다는 다만 무시무시한 공포를 숨긴 가면일 수 있다. 햇빛이 눈부시고 투명하던 바다가 순식간에 광풍과 폭우가 몰아치는 죽음의 공간으로 돌변하기도 하기 때문이다. 그리하여 바다는 무심하고 비정한 자연의 표상이기도 하다. 광활한 망망대해, 그 광막함은 이스마엘에게 존재의 무의미, 우주적 공허감을 절감케도 한다. 소설의 결말이 현시하는 모든 것을 소용돌이 속으로 집어삼킨 바다는 바로 이런 무한경의 공허 바로 그것이다. 이렇게 바다는 알 수 없는 "영원한 미지의 세계"이다.

바다에 관한 멜빌의 비전이 보이는 또 하나의 특이성은 그것이 종종 대초원의 이미지로 펼쳐진다는 점이다. 이스마엘은 광활한 태평양을 "이 바다의 대목장, 광막하게 뒹구는 바다의 대초원"으로 묘사한다. 고래 떼를 추격하다가 잠시 소강상태를 맞이한 피쿼드 호의 선원들은 잔잔한 바다를 보며

서부 대초원에 와 있는 듯한 상념에 잠긴다. 그들은 자신이 대초원을 누비며 새로운 삶을 개척하는 변방인이라는 느낌에 젖는다.

> 이러한 때 포경선에 탄 방랑자들도 부모를 그리는 자식과 같은, 자신감 있는, 육지에 있는 듯한 감정을 느끼며, 바다를 꽃으로 뒤덮인 대지라고 생각한다. 또 돛대 끝만 보이는 저 멀리 떨어진 배는 거친 파도를 헤치며 굴러오는 것이 아니고 물결치는 대초원에 길게 자란 풀밭을 헤치며 굴러오는 것같이 보이는 것이다. 그것은 마치 서부 이주자들의 말 떼가 무성한 풀을 헤치며 걸어올 때, 그 몸은 보이지 않은 채 삐죽 솟은 두 귀만이 푸른 초원 위로 나타나 보이는 것과 흡사하다.

바다에 이렇게 서부의 대초원의 이미지가 어른거리는 것은 물론 서부개척이 중요한 사회적 이슈였던 당대의 사회적 현실을 반영하는 것이다. 바다와 육지의 이런 특이한 유비는 『모비딕』을 당대의 정치사회적 현실의 상징적 암유로 읽어내고자 하는 비평안을 정당화하는 근거이기도 하다.

삶의 다의성과 인식의 한계

멜빌에게 삶은 근본적으로 다의성의 세계이다. 그것은 한

가지 시각, 절대적 의미를 허용하지 않는다. 멜빌의 이런 다원주의는 철학적 사색의 소산이 아니라 낯선 문명을 직접 체험해본 결과의 소산이다. 외바퀴 손수레의 용도가 무엇인지 몰라서 그것을 어깨에 둘러메고 운반한 퀴퀙의 경우나 그의 누이의 결혼식에 초대된 백인 선장이 표주박의 물에 손을 적시는 종교의식을 식사 전의 손 씻는 것으로 착각했다는 예화는 인간의 인식이 그가 속한 공동체의 가치체계에 의해 주형되는 것이라는 통찰을 담고 있다. 다시 말해 멜빌의 인식론은 문화인류학적 상대주의적 성찰을 통해 도달된 것이다.

그에게 사물은 보기 나름이다. 대상의 의미는 내재된 본질의 발현이 아니라 인식자의 시선에 의해서 결정된다. 퀴퀙의 관은 카누이기도 하고, 옷장이기도 하고, 원시적 예술품이기도 하고, 또한 이스마엘의 생명을 구한 구명부표이기도 하다. 피쿼드 호의 주 돛대에 꽂혀 있는 스페인 금화가 선원들에게 각기 서로 다른 의미를 띠듯이, 세계는 서로 다른 인간정신에 의해서 서로 다르게 해석되어 서로 다른 모습으로 나타난다.

그러므로 멜빌의 인식론에서 보는 것은 해석하는 것이며 해석하는 것은 곡해하는 것이다. 모든 가시적 대상들은 다만 "마분지로 만든 가면들"일 뿐이라는 아합의 외침은 세계가 이처럼 순간순간 서로 다른 모습으로 인식되는 기호라는 생각의 반영인 것이다.

인간의 인식과 그것을 바탕으로 한 지식이 결국 실재의 추상화라는 깨달음에서 멜빌은 한편으로 그 불가피성을 수용하면서도 동시에 현실로부터 멀어진 이념이나 추상적인 체계를 경계한다. 마르셀 프루스트는 "지성에 의해 쓰여진 문자가 아니라 사물의 형상이라는 문자로 된 책이 우리의 유일한 책"이라고 말한 바 있다. 『모비딕』은 반드시 사물의 형상으로 이루어진 세계는 아닐지라도, 관념으로 형상화된 세계가 거짓 언어의 세계일 수 있음을 보여주고자 하는 책이다.

멜빌의 세계는 현대소설가들이 마주한 그것처럼 일상의 삶과 거리를 둔 관념적이고 심리적 세계가 아니다. 인물들은 일상의 삶을 둘러싼 즉물적인 현실, 그들의 육체가 생생한 느낌으로 접하는 감각적 세계를 산다. 이처럼 견고한 현실임에도 불구하고 그것은 언어로 재현되면서 또한 그것이 부분적인 혹은 불확정적인 것임을 폭로한다. 멜빌에게 실재는 언어로 지칭되고 포착되는 바로 그 순간 그 확실성이 의문시된다. 퀴퀘그의 섬나라 코코보코에 대해 언급하면서 이스마엘은 "그것은 어떤 지도에도 표시되어 있지 않다. 참된 장소는 그런 법이다."라고 말한다. 실재는 이처럼 언제나 구멍 난 그물, 많은 것들이 빠져 있는 거짓 총체이다. 이 인식론적 불안, 다시 말해 인간 인식의 한계에 대한 예리한 자의식이 어떤 의미에서 멜빌 서사의 원동력이라고 할 수 있다. 왜냐하면 그의 소설의 다원성과 복합성은 이 같은 인식의 부분성을 극복하고 삶의 총체 상에 다가가고자 하는 욕망의 결과로 나타난 것처럼 보이기 때문이다.

운명과 자유의지

47장 「매트 만드는 자」에서 이스마엘은 우리의 삶은 "우연, 자유의지, 필연"이 얽히고설키면서 만들어지는 것이란 생각을 한다. 그러나 피쿼드 호의 항해는 처음부터 파국적 운명이 예정되어 있는 것으로 그려지고 있다. 거역할 수 없는 운명의 포로라는 생각은 거의 모든 인물들의 의식을 지배한다. 특히 소설의 전편에 걸쳐서 자신의 자율성과 독자성을 자주 주장하는 아합의 경우도, 소설의 말미에 이르러서는 자신의 삶이 거역할 수 없는 존재의 손 안에 놀아난 꼭두각시놀음이었다고 한탄하고 있다. 이스마엘 또한 자유의지보다는 필연이 인간 운명의 결정인이라는 생각에 줄곧 사로잡혀 있다. 그는 자신이 고래잡이배를 타게 된 것도 보이지 않는 어떤 섭리라고 생각하고, 교회의 벽에 새겨진 석비의 비명에서 자신의 파국을 예감하고, 아합의 광기에 찬 분노를 자신의 분노로 생각하게 된 것을 불가사의한 것으로 되새기기도 하고, 아합과 마찬가지로 선원들이 "악마의 주문에 사로잡힌 듯" 모비 딕에 증오심을 품고 함께 공존할 수 없는 원수라고 생각하게 된 것을 어떤 저항할 수 없는 힘 때문이라고 생각한다.

> 이런 모든 것에 대한 설명은 나 이스마엘이 미칠 수 없는 더 깊은 곳에 있다고 할 것이다. 우리들 모두의 마음이라는 지하에서 일하고 있는 광부가 있다고 할 때, 곡괭이가 끊임없이 움직이고 그 소리도 둔탁하니 그것으로 갱도가 어느 쪽으로 향하고 있는지를 어떻게 알 수 있겠는가? 누구든 이 저항할 수 없는 힘에 이끌려가게 되는 것이라고 생각할 수밖에 없지 않은가. 대전함에 이끌려가는 작은 배의 신세로서 어떻게 저항할 수 있겠는가.

스타벅은 아합을 제거할 찬스가 적어도 두 번 있었다. 한 번은 선실에 잠들어 있는 아합을 소총으로 제거할 수 있었으나 하지 못했고, 다른 한 번은 모비딕과의 운명적인 조우 직전 아합이 직접 망을 보겠다고 망루에 오르면서 밧줄로 끌어올리는 일의 책임을 스타벅에게 맡겼을 때이다. 전체를 위해 아합을 제거할 명분이 충분한 이 경우에도 그는 머뭇거리다가 자신의 운명은 아합의 그것에 얽혀 있다는 숙명론에 의탁하여 물러서고 만다.

이 밖에 이 소설에는 불가피한 운명에 어쩔 수 없이 끌려가는 듯한 제스처를 수없이 많이 찾아볼 수 있다. 이것을 어떻게 설명할 것인가? 한편으로는 정교도석 예정설이나 미국

사회를 관류해온 메시아주의적 소명의식에 젖어온 심적 태도의 발현이라고 볼 수 있을 것이다. 다른 한편으로는 인간의 삶은 문화에 의해 주형된다는 근대적 사고를 반영하고 있다고도 말할 수 있으리라. 인간은 자신이 속한 공동체의 이데올로기, 그 가치체계를 결코 벗어날 수가 없다. 낯선 타자들도 결국 문명의 옷을 입고 나타난다. 그러나 이전의 멜빌 소설에서 그의 인상적인 인물들은 이런 옷을 벗어던지고 본래적인 모습으로 되돌아가고자 몸부림치는 모습을 보여준 바 있다.

구조·기법·문체

"세심한 무질서"

　『모비딕』은 이스마엘이 토로하듯이 "세심한 무질서"의 소산이다. 이스마엘을 소설의 중심인물로 보는 신비평적 시각의 일부 평자들이 소설의 유기적 구조를 언급하곤 했지만 이 방대한 소설을 잘 빚어진 항아리 같다고 말하기는 아무래도 어렵다. 얼른 보더라도 소설은 보고서, 드라마, 우화, 설교 형식과 같은 비소설적 요소가 포함되어 있다. 이스마엘은 또 다른 대목에서 주제가 생산적이면, "나무줄기에서 가지가 자라고, 가지에서 작은 가지가 뻗어나가듯이" 내용이 자연스레 덧붙여지게 마련이라고 말하기도 한다. 이스마엘은 작품의 생성을 나무의 생장에 비유하고 있으나, 『모비딕』 전체 135

장들이 그처럼 유기적 연관성을 띠고 있다고 볼 수는 없다. 오히려 화제가 화제를 낳고 이야기가 또 다른 이야기로 이어지면서 물이 흐르는 듯한 자연스런 서사를 보인다고 말하는 것이 정확할 것이다.

소설 전체로 보면『모비딕』은 전통적인 소설과는 다른 다양한 서사양식과 장르가 차용되어 있는 특이한 복합적 형식으로 되어 있다.『모비딕』이, 멜빌이『빌리 버드』에서 표현하는 대로, "거친 가장자리"를 갖는 특이한 혼성 양식을 보이는 것은 삶의 개방성과 변전성이 두드러진 민주주의 사회의 문학적 특징을 반영하고 있는 것으로도 볼 수 있다. 1830년대에 미국문학의 특징을 예단하면서 토크빌은 이렇게 말한 바 있다: "대체로 민주주의 사회의 문학은 귀족 문학의 특징인 질서, 규칙성, 기예, 예술을 결코 내보이지 않을 것이다. 문학의 형식적 특질들은 경시되고 실제적으로 무시될 것이다. 문체는 종종 낯설고, 부정확하고, 과잉적이고, 느슨하면서도, 거의 언제나 힘차고 대담할 것이다. 작가들은 완벽한 세부의 지향보다는 신속한 작업을 원할 것이다." 토크빌의 이런 예단이 적중했다고 말할 수 있을 정도로 멜빌의 문학은 그에 근접한 특징을 보인다.

그렇다고『모비딕』이 아방가르드적 모더니즘 텍스트에서 보듯이 일탈과 파격과 간극의 연속인 것은 아니다. 독특한 혼체. 이는 고래에 관한 탐구로 이루어진 고래학의 장에서 특히 두드러진다. 둘째, 비유와 수사적 언어가 동원되는 영탄조의 문체. 셋째, 철학적 명상을 담고 있는 장중한 서사시적 문체. 넷째, 선원들 특유의 대화체. 어떤 문체의 리듬을 타든 멜빌의 산문은 생동감으로 넘친다. 작가가 끌어오는 허다한 암시적 비유와 인유도 특유의 즉물적 언어리듬을 타면서 새로운 환기력을 얻는다. 심오한 철학적 한담의 경우에도 『모비딕』의 문장은 추상적이고 관념적인 느낌을 주지 않는다. 작가의 체험에서 우러나온 언어로 표현되고 있기 때문이다. 이 감각적이고 즉물적이며 생동감 넘치는 언어의 세계 또한 『모비딕』이 지속적으로 호소력을 발휘하는 한 원천이다.

4 장 — 영향과 의의

Herman Melville

『모비딕』의 문학사적 위상

『모비딕』은 나사니엘 호손의 『주홍글자』, 마크 트웨인의 『허클베리 핀의 모험』과 더불어 19세기 미국문학을 대표하는 작품이다. 『주홍글자』가 인간의 어두운 진실을 탐구하는 내향성 문학의 표상이고, 『허클베리 핀의 모험』이 삶의 여정에서 자기 정체성과 삶의 궁극적 진실을 발견하고자 하는 추구형 문학의 대표라면, 『모비딕』은 이 두 전통이 교차하는 접점에 서 있다. 『모비딕』으로 인해 독립혁명기의 찰스 브록든 브라운의 『윌런드』에서 에드거 앨런 포의 고딕풍의 단편들을 거쳐 『주홍글자』에 이르는 내면탐구형 소설은 더욱 뚜렷한 계보를 갖게 되었다. 『모비딕』은 또한 페니모어 쿠퍼의 『레더스톡킹 소설들』, 포의 『아서 고든 핌의 이야기』, 트웨인의 『허클베리 핀의 모험』으로 이어지는 모험 추구 소설 전통의 확실한 연결고리이다. 미국 현대소설 중에서도 가령 헤밍웨이의 『노인과 바다』, 윌리엄 포크너의 『곰』에는 『모비딕』의 짙은 그림자가 어른거리고 있다.

『모비딕』은 또한 19세기 중엽의 미국문학에 몇 가지 구체적이고 뚜렷한 지형도를 제공한다. 이 시기를 미국의 르네상스기로 명명하고 미국문학의 이론적 정초를 마련한 매씨슨의 『미국의 르네상스』도 『모비딕』의 재발견이 없었더라면 아마 씌어지기 어려웠을 것이다. 매디슨은 여기에서 에머슨, 소로우, 휘트먼이 대표하는 낙관적 분위기의 문학과 호손과 멜빌로 표상되는 비극적 비전의 문학을 대비시키고 있는데, 이런 과감한 양립적 문학사 구성도 『모비딕』과 같은 대작이 있어서 한 축을 든든히 떠받치고 있기에 가능한 것이다. 더욱이 매씨슨은 이 다섯 작가를 하나로 묶어주는 공통적 관심사로 민주주의의 가능성에 대한 믿음을 들고 있는데, 이 점에서도 『모비딕』은 가장 뚜렷한 비전을 제시하였다.

『모비딕』은 또한 삶의 주관적 체험을 문학적으로 형상화한 미국 낭만주의 문학 전통의 중심이기도 하다. "나를 이스마엘이라고 불러주오."라는 문장으로 시작되는 『모비딕』은 1인칭 대명사 'I'의 고창이 시대적 관심사임을 일깨운다. 에머슨의 자기 신뢰의 철학, 1인칭 대명사를 생략하지 않겠다는 『월든』

에서의 소로우의 선언, 그리고 휘트먼의 「자아의 노래」도 『모비딕』의 이 유명한 서두로 인해 한층 더 큰 울림을 갖게 되었음을 부인할 수 없다. 미국문학에서 미지의 세계로의 여행은 거의 언제나 내면세계로의 여정이요 나르시스적 자기발견의 여로임을 『모비딕』만큼 선명히 일깨운 작품도 드물다. 『모비딕』은 이처럼 미국문학을 관류하는 중요한 테마들이 상호 교차하는 결절점에 위치해 있다.

멜빌 문학의 부활

『모비딕』은 멜빌 부활의 기폭제였기 때문에 그 수용의 역사는 곧 멜빌 재발견의 역사이기도 하다. 멜빌의 부활은 그가 사망한 1891년을 전후하여 『모비딕』을 우연히 접하게 된 헨리 살트(Henry S. Salt), 허드슨(W. H. Hudson), 존 미들턴 머리(John Middleton Murry)와 같은 영국의 문사들에 의하여 주도되었다. 이들의 뒤를 이어 미국의 비평가 칼 밴 도렌(Carl Van Doren), 밴 윅 브룩스(Van Wyck Brooks) 등이 멜빌의 독창성을 찬양하면서 그에 대한 관심이 되살아나기 시작하였고, 멜빌에 대한 최초의 전기인 위버(Raymond Weaver)의 『허만 멜빌: 뱃사람 그리고 신비주의자』(1921)가 출판되고 그의 작품들이 속속 재간되면서 그 관심은 널리 확산되었다. 1920년대 영국 문단의 주역이었던 로렌스(D. H. Lawrence), 포스터(E. M. Forster), 울프(Virginia Woolf) 또한 멜빌에게 매료되어 그의 독특한 상상세계와 작가정신을 기리는 글을 발표하였다. 멜빌 부활에 기여한 이 모든 관심의 중심은 물론 『모비딕』이다.

『모비딕』은 전후의 환멸을 새로운 예술 형식의 창조를 통해 극복하고자 한 모더니즘의 감수성을 자극하기에 족했다. 『모비딕』은 시인 크레인(Hart Crane)의 표현을 빌린다면 "별들에게만 알려진" 침묵의 언어를 캐는 형이상학적 탐구서로 비쳤다. 그리하여 로렌스는 흰 고래 모비딕의 상징성을 헤아려보고자 애썼고, 포스터는 진실을 전하는 "예언서적" 형식에 주목하였으며, 최초의 본격적인 멜빌문학 연구서 『허만 멜빌』(1929)을 쓴 멈포드(Lewis Mumford)는 『모비딕』의 상징성, 신화, 우주적 의미를 탐색하였다. 『모비딕』의 상징성과 의미의 탐색 과정에서 이들은 한결같이 텍스트의 불투명성에 어려움을 겪는데, 예컨대 모비딕이 상징하는 바를 멜빌 자신도 잘 몰랐을 것이라는 로렌스의 논평이나, 모비딕의 의미는 하나가 아니라 다수라는 멈포드의 주의 환기는 주제와 형식의 다원성을 『모비딕』의 가장 중요한 특징으로 간주하는 현금의 비평적 합의를 이미 예감케 한다.

출전 연구

멜빌 문학이 부활의 차원을 넘어서서 학문적 관심으로 심화되기 시작하는 1930년대에 들어서면서 베일에 가려졌던 그의 전기적 사실이 하나둘 밝혀지고, 그렇게 얻어진 정보를 그의 문학세계와 조응시키려는 노력이 더욱 증대되었다. 1939년에 출판된 앤더슨(Charles Anderson)의 『남태평양의 멜빌 Melville in the South Seas』은 그 중 가장 주목할 만한 성과이다. 앤더슨을 비롯하여 그의 창작방식에 관심을 기울인 비평가들은 특히 그의 초기 소설들을 자전적인 기록으로 보아 왔던 종래 시각의 문제점을 지적하고 그의 문학은 작가의 체험과 다른 수많은 텍스트로부터의 인용·전유의 교직이 빚어낸 산물임을 환기시켰다. 이 같은 출전 연구의 영향으로 『모비딕』을 텍스트의 세계로 보는 시각의 문이 열렸는데, 『모비딕』의 창작에 끼친 셰익스피어의 영향을 논한 찰스 올슨(Charles Olson)의 「리어와 모비딕 Lear and Moby-Dick」(1938), 리온 하워드(Leon Howard)의 「멜빌의 천사와의 싸움 Melville's Struggle with the Angel」(1940), 매씨슨의 『미국의 르네상스』(1941), 밀턴의 『실락원』의 영향을 조사한 포머(Henry F. Pommer)의 『밀턴과 멜빌 Milton and Melville』(1950), 성경으로부터의 인유를 밝힌 라이트(Nathalia Wright)의 『멜빌의 성서 활용 Melville's Use of the Bible』(1949), 고래잡이 텍스트들로부터의 차용을 규명한 빈센트(Howard P. Vincent)의 『'모비딕'의 정제 *The Trying-Out of Moby-Dick*』(1949) 등은 특히 중요한 성과이다.

신비평의 영향

1940년대 후반부터 1960년대까지 멜빌의 연구는 신비평의 영향이 뚜렷하여, 연구자들의 시선은 작품의 내적 구조와 유기적 형식, 작가의 예술적 형상화의 의지, 작품에 나타난 상징주의와 수사적 언어에 쏠렸다. 『모비딕』을 "이스마엘의 거대한 상징적 산문시"로 파악하면서 그것의 "열린 유기적 구조"를 규명해 보인 베잔슨(Walter E. Bezanson)의 「'모비딕': 예술 작품 *Moby-Dick: Work of Art*」(1953)은 이 시기의 가장 주목할 만한 글이다. 작품을 자율적인 언어체로 보는 관점에서 미국 문학사를 조망한 최초의 저서라고 할 수 있는 『상징주의와 미국문학 *Symbolism and American Literature*』(1953)에서 파이델슨(Charles Feidelson)은 베잔슨과 비슷한 입장에서 이스마엘의 상징적 여정을 『모비딕』의 핵심적 구조로 파악하였다. 이들은 창조적 상상력과 작품의 예술적 표현을 그의 문학사 구성의 기축으로 삼았던 매디슨의 입장을 계승한 것이라 할 수 있는데, 매디슨 역시 이미지의 구체성을 특색으로 하는 멜빌의 상징적 언어(호손의 알레고리 편향에 대비하여)에 주목하였다.

이 시기의 『모비딕』 비평에서 간과할 수 없는 또 하나의 중요한 성과는 정신분석학적 입장에서 『모비딕』을 읽은 머리(Henry A. Murray)의 「악마의 이름으로 *In Nomine Diaboli*」(1953)라는 논문이다. 머리는 이 글에서 아합을 억압된 이드로, 모비딕을 초자아로, 일등항해사 스타벅을 이드의 분출에 압도당하는 자아의 표상으로 각각 파악함으로써, 인물들의 갈등을 심리적 차원의 문제로 다룰 수 있는 가능성을 선보였다.

신역사주의 비평과 이데올로기 비평

실증적 연구가들에 의해 밝혀진 멜빌에 대한 전기적 사실과 이를 바탕으로 사회문화적 맥락에서 그의 문학 세계를 재조명한 최근의 연구가들은 그가 당대의 사회적 현실에 대단히 예민하게 반응한 작가였음을 발견하고 있다. 이들이 그려 낸 멜빌은, 19세기의 리얼리즘 소설가들과 마찬가지로, 당대 부르주아 사회를 비판하면서도 시대의식을 함께 호흡한 작가로 나타나고 있다. 멜빌의 문학과 그 사회적·경제적·정치적·역사적 컨텍스트의 복합적인 연관성을 성공적으로 드러낸 로건의 『전복적인 계보: 허만 멜빌의 정치와 예술』(1979), 당대 미국 사회의 대중문화와 『모비딕』의 상호연관성을 밝힌 레놀즈(David S. Reynolds)의 『미국 르네상스의 저류

Beneath the American Renaissance』(1988) 등은 『모비딕』에 교차하는 사회문화적 에너지의 실체를 선명히 부각시킨 중요한 업적들이다.

1980년대 이후로는 신역사주의의 영향이 한층 짙어져 이데올로기 비평은 『모비딕』 비평의 뚜렷한 흐름으로 자리 잡았다. 멜빌의 진보적 인종관을 집중적으로 거론한 카처(Carolyn L. Karcher)의 『약속의 땅에 드리운 그림자 *Shadow over the Promised Land*』(1980), 듀반(James Duban)의 『멜빌의 주요 소설: 정치, 신학, 상상력 *Melville's Major Fiction: Politics, Theology, and Imagination*』(1983), 디목(Wai-chee Dimock)의 『자유를 위한 제국: 멜빌과 개인주의의 시학 *Empire for Liberty: Melville and the Poetics of Individualism*』(1989), 그리고 『모비딕』을 1950년대의 냉전 이데올로기와 연관시켜 연구한 스파노스(William V. Spanos)의 『'모비딕'의 탈선적 예술 *The Errant Art of Moby-Dick: The Canon, the Cold War, and the Struggle for American Studies*』(1995) 등은 특히 주목되는 성과이다. 이들을 통해 『모비딕』은 단순한 고래잡이 소설이 아니라 노예제를 둘러싼 대립과 갈등이 심화되고 있던 남북전쟁 전야의 복잡했던 정치적 현실의 상징적 암유임이 드러나고 있다.

대중문화 속의 『모비딕』

학교의 강의실에서는 물론 일반 독서계에서도 광범위하게 읽혀지고 있는 멜빌의 작품은 그가 속한 시대를 뛰어넘어 가장 위대한 미국적인 작가로서 그 성가를 더해가고 있다. 이런 문학사적 평가에 발맞추어 『모비딕』을 비롯한 『타이피』 『오무』, 단편 작품인 「서기 바틀비」 「빌리 버드」 등은 라디오 드라마로 영화로, 혹은 오페라로 각색 상연되어 인기를 끌기도 했다. 뿐만 아니라 그의 작품 다수가 독자의 수준을 고려한 여러 종류의 개작판으로, 만화로, 혹은 모방이나 패러디물로 만들어져 대중의 사랑을 받아왔다. 『모비딕』을 소재로 한 그림, 판화는 물론 도화집, 문구용품, 각종 기념품, 장남감도 많이 출시되었다. 아합, 퀴퀙, 모비딕, 피쿼드 등의 이름을

존 휴스턴(John Huston)이 감독한 영화 「모비딕」(1956).

딴 식당, 술집, 서점, 호텔, 거리 이름도 흔히 발견된다. 이처럼 『모비딕』은 문화적 아이콘의 하나로서 미국 대중문화 속에 깊이 각인되어 있다. 특히 소설의 가장 인상적인 인물인 아합은 포카 혼타스나 다니엘 분처럼 미국인의 문화적 상상력을 자극하는 신화적 인물이 된지 오래이다.

『모비딕』이 처음으로 영화화된 것은 1926년이다. 밀라드 웹(Millard Webb)이 감독한 흑백 무성 영화 「바다의 짐승 *The Sea Beast*」이 그것이다. 이어 1930년, 로이드 베이컨(Lloyd Bacon) 감독이 「모비딕 이야기」란 제목으로 다시 그것을 영화화했는데, 여전히 흑백이긴 하지만 유성 영화였다. 그러나 이 두 영화는 모두 주인공의 이름만 빌렸다고 해도 과언이 아닐 만큼 원작과는 거리가 먼 멜로드라마였다. 그럼에도 불구하고 존 베리모어(John Barrymore)가 아합 역을 맡은 두 작품 모두 흥행에서 큰 성공을 거두어, 『모비딕』의 대중화에 적지 않은 기여를 했다. 원작에 충실한 제대로 된 영화는 그로부터 거의 한 세대가 지난 1956년, 존

휴스턴(John Huston) 감독의 「모비딕」이 나올 때까지 기다려야 했다. 공상과학소설 작가 레이 브래드버리(Ray Bradbury)가 휴스턴 감독과 공동으로 각색을 하고 그레고리 펙이 아합, 오손 웰즈가 매플 신부 역을 맡은 이 영화는 흥행 성공과 더불어 소설의 영화화의 모범 사례로 호평을 받았다. 『모비딕』은 이 밖에도 라디오 드라마로 수없이 많이 각색되어 전파를 탔고 텔레비전 드라마로도 제작되어 여러 차례 방영되었다. 뿐만 아니라, 소설 전체 혹은 인상적인 대목을 발췌 녹음한 레코드판도 다수 제작되어 일반에게 보급되었다. 이 모두는 『모비딕』이, 독자들이 실제로 그것을 얼마나 읽느냐에 상관없이, 대중의 문화적 기억 속에 편입된 '신화적' 텍스트임을 새삼 말해주는 것이다.

2 리라이팅

모비딕

멜빌은 이스마엘의 입을 빌려 웅대한 주제를 택해야

웅대한 책이 될 수 있다고 말한다. 그러나 『모비딕』의 웅대함이

주제의 웅대함으로 말미암는 것은 물론 아니다.

삶에 대한 깊은 통찰, 그 복합적 다원성을 아우르는 총체적 비전,

그리고 그것의 독창적 형상화가 남다르기 때문에

그것은 웅대한 소설이다.

멜빌은 이처럼 대작을 쓰고 있다는 확신 속에서 『모비딕』을 썼다.

그의 자부심 그대로 『모비딕』은

19세기 미국문학을 대표하는 소설일 뿐만 아니라,

인간 사유의 깊이와 광활한 상상력의 한 극단을 표상하는

대작으로서 '세계문학'의 판테온에서도 빼놓을 수 없는 작품으로

평가된다. 일찍이 서머셋 모엄은 『모비딕』을

세계 10대 소설의 하나로 꼽은 바 있고,

최근에는 모리스 블랑쇼, 호르헤 보르헤스, 질 들뢰즈와 같은

사색가들 또한 『모비딕』을 길잡이로 하여

그들의 독특한 사색의 지평을 열어 보이고 있다.

모비딕*

출항 전야

이스마엘은 스물한 살 난 가난한 청년이다. 그는 계모 밑에서 고아나 다름없이 자랐다. 생계를 위해 시골 학교의 교사를 포함하여 닥치는 대로 이런저런 일을 해왔으나 생활은 늘 어려웠다. 좌절과 실의가 교차하는 고달픈 삶이었다. 그는 "축축하게 젖어 있는 동짓달"과 같은 울적함에 젖어 자살 충동마저 느낀다. 이스마엘은 자살할 바에는 차라리 선원이 되

---

* 『모비딕』은 "나를 이스마엘이라고 불러주오"라는 유명한 문장으로 시작된다. 곧 화자 이스마엘이 1인칭 시점으로 고래잡이에 나가 자신이 겪은 체험담을 펼치고 있는 것이다. 그러나 여기에서는 편의상 3인칭으로 기술하고자 한다.

어 바다로 나가보자는 결심을 한다. 그는 고래잡이배를 타기로 작정한다. 거기에는 "요원한 것에 대한 끊임없는 갈망", 미지의 세계에 대한 동경도 작용하였다. 그는 이왕이면 고래잡이의 발상지인 낸터키트에서 고래잡이배를 타자는 생각으로 고향인 뉴욕 맨허튼을 떠나 뉴베드포드 항으로 간다. 으스스한 바람이 부는 12월의 어느 토요일에 그는 낸터키트로 가는 배를 타기 위해 뉴베드포드에 도착한다. 그러나 낸터키트행 연락선이 모두 출항한 뒤여서 월요일까지 기다리지 않으면 안 되었다. 이스마엘은 항구 근처의 허름한 물보라 여관을 찾아 우선 하룻밤을 묵고자 한다. 그러나 방이 없었다. 주인 피터 코핀은 작살꾼과 더불어 한방을 쓸 수는 있다고 말한다. 그는 주인의 제안을 거절하고 식당의 울퉁불퉁한 의자에 누워 잠을 청했으나, 춥고 불편해서 도저히 잠을 이룰 수가 없었다. 할 수 없이 이스마엘은 주인의 제안을 받아들여 낯모르는 작살꾼과 한 침대를 쓰기로 한다.

남태평양에서 가져온 해골바가지를 팔러 나갔다는 그 작살꾼은 밤이 이슥해서야 돌아왔다. 그는 주머니에서 작은 목조 우상을 꺼내 경배를 드리고 잠자리에 든다. 이튿날 아침 눈을 뜬 이스마엘은 작살꾼이 자기를 다정스레 한 팔로 안고 있는 것을 발견했다. 작살꾼은 놀랍게도 온몸이 문신투성이로 흉악해 보이는 남태평양 섬 출신의 사나이였다. 퀴퀙이라 불리는 이 작살꾼은 식인종으로 알려진 야만족 출신일 터이나 그의 언행은 친절하고 점잖았다. 말없이 식사를 하는 선원들 사이에서 아침을 끝낸 이스마엘은 선창가로 나갔다. 길거리에는 피부색이 다른 폴리네시아인들을 포함하여 온갖 부류의 사람들로 활기를 띠고 있었다. 모두 고래잡이의 "부와 영광"을 갈구하는 사람들이었다.

길거리를 이리저리 걷다가 이스마엘은 뉴베드포드의 포경선원들의 교회를 찾았다. 이스마엘은 놀랍게도 퀴퀙을 회중 속에서 발견하였다. 먼 이역의 바다에서 죽은 사람들을 추모하는 명문이 벽에 새겨 있었다. 이스마엘은 그 비명을 읽으며 삶의 허망함을 절감하면서 자신의 앞에도 그런 운명이 기다리지 않을까 생각하고는 새삼 비감에 젖는다: "아아 돌아가신 이들을 푸른 땅에 모신 사람들이여, 내가 사랑하는 사람이 여기 꽃밭 속에 잠들어 있다고 말하는 사람들이여! 그대들은 여기 이 사람들의 가슴을 파고드는 황량한 추억을 알 수 있겠는가. 한줌의 유골도 거기에 없는, 저 검은 테 속 대리석의 가슴을 에는 공허감! 움직이지 않는 저 묘비명들이 주는 절망감! 모든 신앙심을 무화시키는 저 글귀들 속에 스며 있는 공포어린 허무감과 불신의 마음. 무덤도 없이 죽어간 이 귀속할 곳 없는 사람들의 부활을 거부하는 것처럼 보이지 않는가." 이런 상념에 젖어 있다가 이스마엘은 이내 평상심을 되찾는다. 신앙은 자칼처럼 무덤 속에서 자양을 찾고, 끔찍한 회의 속에서도 가장 활기찬 희망을 찾게 해주기 때문이다.

이스마엘은 이윽고 한때 고래잡이 작살꾼 생활을 한 적도 있는 이름 높은 목회자인 매플 목사의 설교를 듣는다. 매플 목사는 배의 선수를 닮은 설교단에 올라가서 요나를 주제로 설교를 한다. 그는 하나님께 복종하기 위해서는 우리 스스로에게는 불복종할 수밖에 없다고 강조한다. 영생의 기쁨을 강조하는 그 설교가 감동적이긴 하지만 이스마엘은 그와 동시에 종교가 세상과 절연되어 있다는 것과 정통 기독교 신앙의 배타성을 절감한다.

물보라 여관으로 돌아와서 이스마엘은 퀴퀙과의 대화를 통해 그의 됨됨이와 그의 출신지인 남태평양의 섬나라 코코보코, 그리고 기독교 문명에 대한 호기심으로 왕자의 신분으로서 배를 타게 된 동기를 알게 되면서 그와 '마음의 벗'이 된다. 퀴퀙은 낯선 이방에서 늘 혼자면서도 침착하고 단순 고결한 성품으로 오히려 소크라테스적인 지혜를 느끼게 해준다. 이스마엘은 퀴퀙이 외모는 야만인이지만, 정직 소박하고, 인간적인 위엄이 넘치고, 용기를 지닌 인물임을 발견한다. 이스마엘은 그와 더불어 있으면서 "이리 같은 세상과 싸우느라 상처 난 가슴"이 푸근해지고 "몸이 녹아 흐르는" 느낌에 젖는다. 그에게는 문명의 위선과 속임수가 없다. 이스마엘은 파이프 담배를 퀴퀙과 나눠 피우고 퀴퀙의 신 요조를 경배하는 의식에도 동참한다. 편협한 정통 기독교 신앙의 세계에서 벗어나 인종과 문화를 초월한 인간애가 중요하다고 느꼈기 때문이다.

이튿날 아침 이스마엘과 퀴퀙은 뉴베드포드에서 낸터키트로 가는 배 모스 호를 탔다. 퀴퀙은 그를 조롱하는 한 풋내기 젊은이를 붙잡아 공중에 던져 혼내준다. 선장은 오히려 퀴퀙을 으르고 야단쳤다. 그 때 바람에 아래 가름대가 날리고 그런 차에 그 젊은이가 바다에 빠지고 말았다. 퀴퀙은 조금 전의 일을 잊고 곧 차가운 바닷물에 뛰어들어 그를 구했다. 배에 오른 퀴퀙은 세상은 함께 살아가는 합자회사와 같으니 서로 도우면서 살아야 한다고 말한다. 낸터키트에 당도하여 그들은 피터 코핀의 사촌이 운영하는 냄비(Try Pots) 여관에 묵었다. 식사 때마다 유명한 클램 차우더 요리가 나와 그들의 입맛을 즐겁게 해준다.

이튿날 아침 이스마엘이 승선할 배를 찾으러 나가려고 일어서자, 퀴퀙은 이스마엘 혼자 나가서 배를 찾아보라는 것이 요조의 신탁이라면서 자신은 가지 않겠다고 말한다. 할 수 없이 이스마엘은 혼자 선창으로 나가서 출항준비를 하고 있는 고래잡이배를 살폈다. 그는 그 중 절멸된 매사추세츠 주 인디언 부족의 이름에서 따온 피쿼드 호의 소유주인 필레그 선장과 빌대드 선장과 면담을 하고 그 배를 타기로 작정하였다.

피쿼드 호는 작고 낡아보였으나 그윽한 정취가 배여 있는 배였다. 이스마엘은 또한 두 사람으로부터 피쿼드 호의 선장이 될 아합에 관해서도 이런저런 정보를 얻어 듣는다. 아합은 오랜 세월 고래잡이배를 탄 대단히 유능한 선장이라는 것, 지난 항해에서 고래에게 한쪽 발을 잘린 뒤로 말수가 줄어들고 성격이 난폭해졌다는 것, 그러나 그는 대단히 "위엄 있고 불경스러우면서도 신 같은 사람"이라는 것, 그리고 그에겐 젊은 부인과 아들이 있다는 것 등이 그것이다.

이튿날 이스마엘과 퀴퀙은 승선계약을 하였다. 그들이 계약을 마치고 피쿼드 호를 떠나는데, 초라한 옷을 입고 얼굴이 얽은 사나이가 길을 가로막고서 그들의 운명이 정해졌다는 식의 불길한 예언을 한다. 이스마엘은 그의 이름이 엘리야라는 것을 알고 더욱 불안한 기분에 사로잡힌다. 피쿼드 호는 적어도 3년여의 항해 예정이기 때문에 필요한 물자를 갖추는 데 시간이 걸렸다. 이윽고 출항준비가 완료되어서 이스마엘과 퀴퀙은 크리스마스 전날 저녁 무렵 피쿼드에 승선하기 위해 부두로 나갔다. 어스름 속에서 너댓 명의 선원들이 피쿼드 호에 급히 오르는 것이 보였다. 막 배에 오르려고 하는데 다시금 엘리야가 나타나서 조금 전에 배에 오른 자들을 보았느냐고 수수께끼 같은 질문을 던지면서 다음에 만날 때는 심판의 날이 될 것이라고 말하고 사라진다. 이스마엘은 배에 올라서 먼저 올랐던 선원들을 찾아보았으나 그들의 종적을 찾을 수 없었다. 이윽고 이튿날 크리스마스 정오에 피쿼드 호는 닻을 올리고 거친 대서양의 파도를 뚫고 먼 항해 길에 올랐다.

피쿼드 호와 선장 아합

배의 출항과 더불어 이스마엘은 시선을 안으로 돌려 피쿼드 호를 움직이는 간부 선원들, 곧 기사와 종자들을 소개한다. 일등항해사 스타벅은 30살의 낸터키트 퀘이커 교도로서 근직하고 신실한 인물이다. 이등항해사 스텁은 케이프 콧 출신의 낙천적인 인물이다. 삼등항해사 플래스크는 마싸스 빈야드 출신으로 작달막하고 혈색이 좋은데 고래잡기 자체를 즐기는 인물이다. 이들은 각기 작살꾼을 한 명씩 거느리니, 스타벅은 폴리네시아 인 퀴퀙을, 스텁은 아메리카 인디언인 타쉬테고를, 플래스크는 흑인인 대구가 그들이다. 출신 지방과 인종이 이처럼 다양한 선원들로 이루어진 피쿼드 호는 그야말로 세계의 축소판 그 자체이다. 이스마엘은 그들 모두에게 민주적 평등과 인간적 존엄성이 넘침을 역설한다.

> 인간이라는 것은 참으로 숭고·찬란하며 또한 장대하고 현란한 존재이므로 만일 거기에 조금이나마 수치스러운 결함이 나타난다고 할 때에는 동료들은 제각기 가장 비싼 옷이라도 아낌없이

벗어서 이를 덮어주지 않으면 안 되는 것이다. 우리들 자신 속에서 느끼는 그 무구한 남성다움, 이것은 우리들의 속에 있는 것이기 때문에 아무리 외부의 성격이 없어지더라도 고스란히 남아 있는 법이다. 용기를 잃은 인간의 적나라한 모습에 접할 때, 나는 격통의 고뇌로 피를 토하는 느낌이 든다. 이런 수치스러운 모습을 대하고서는 순결한 신앙심조차도 이런 운명을 초래한 별들을 비난하는 소리를 막을 수 없는 것이다. 그러나 내가 여기서 말하는 장엄한 존경이란 군왕의 옷으로 감싸인 자들에게 바치는 그런 것이 아니라, 몸에 비싼 옷을 두르지 않은 사람들에 대한 아낌없는 그것을 가리키는 것이다. 아마 여러분은 곡괭이를 휘두르고 못을 박는 사람들의 팔에서 그것이 빛나고 있는 것을 목도할 것이다. 평범한 사람들에게서 빛나는 이 민주적인 존엄의 끊임없는 광원이야말로 신 자신인 것이다. 위대한 절대의 신! 그 신만이 민권의 중심이요 또 주변이 되는 것이다. 신의 편재야말로 우리의 신성한 평등인 것이다. 내가 이제까지 비천하기 짝이 없는 뱃사람과 배교자와 버림받은 자들에게 비록 어둡지만 고매한 품성을 부여하고 그들 주위에 비극적인 우아함을 짜 넣는다면(중략) 그 때는 종류에 관계없이 모든 사람에게 인간성이라는 똑같은 왕의 외투를 펼쳐준 그대 정당한 평등의 정신이여, 이 세상의 모든 비평가들에 맞서 나를 끝까지 지지해주시오. 나를 끝까지 지지해주시오, 그대 위대한 민주주의 신이여!

배가 낸터키트를 떠나 남하하면서 날씨가 온화해진 뒤 어느 날 선장 아합이 처음으로 뒷갑판에 모습을 드러냈다. 그는 고래의 턱뼈로 만든 한쪽 의족을 뒷갑판에 뚫려 있는 송곳 구멍에 고정시키고 한쪽 손으로는 뒷돛의 밧줄을 잡고 꼿꼿이 선 채 이물 너머 넘실거리는 바다를 말없이 바라보고 있었다. 그의 얼굴에는 번개를 수직으로 맞은 나무에 남은 상흔처럼 정수리에서부터 목의 한쪽 가장자리로 흘러내리는 상처자국이 선명하다. 두려움을 모르는 듯이 앞만을 바라보는 그의 고정된 시선에는 "한없이 공고한 강인한 정신과 굽힐 줄 모르는 강한 아집이" 담겨 있어서 보는 이로 하여금 외경심을 자아내는 것이었다.

피쿼드가 열대 해상으로 들어서면서 선장 아합은 선실엔 거의 들어가지 않고 밤낮으로 갑판을 서성이며 바다를 응시했다. 그가 고래 뼈로 만든 의족으로 갑판을 걷는 소리 때문에 잠을 설치는 선원들도 있었다. 어느 날 밤 괄괄한 이등항해사 스텁이 넌지시 그런 불평을 토로하자 아합은 불같이 화를 내면서 그에게 욕설을 퍼부었다. 아합의 이런 격정적인 분노에 움찔한 스텁은 밤잠도 자지 않고 생각에 잠겨 갑판을 오가는 것이나 매일 밤 선창 밑바닥에 들어갔다가 나오는 그의 기이한 행동을 떠올리면서 선장이 혹 미치지 않았을까 생각한다. 아합은 늘 피우던 파이프 담배도 한가한 사람이나 즐기는 것이란 생각을 하고서 어느 날 바다로 던져버린다. 그는 오로지 모비딕의 추적이라는 일념에 사로잡혀 다른 생각이 들어설 여지를 만들고자 하지 않는 것이다.

고래학

이스마엘은 피쿼드 호를 움직이는 중요 선원들과 선장 아합의 면모를 소개한 뒤 이제 시선을 그들이 포획하고자 하는 고래의 이모저모를 살피는 고래학을 펼친다. 고래에 관해 씌어진 문헌도 그다지 많지 않고 또 믿을 만한 것도 드물어서 고래에 관해 체계적으로 설명하는 것은 어려운 일이다. 고래가 물고기인가 아닌가에 대한 논쟁이 아직 해결되지 않고 있는 점으로도 그 어려움을 짐작할 수 있다. 여러 권위자들에 의거할 때 고래는 "수평의 꼬리를 가지고 물을 뿜어내는 물고기"라고 정의할 수 있다.

이런 정의를 바탕으로 이스마엘은 고래를 크기를 기준으로 분류하고자 하는데, 흥미롭게도 책의 크기에 비유하여 분류를 시도한다. 책을 크기에 따라 2절판, 8절판, 12절판으로 나눌 수 있듯이, 고래도 세 범주로 나눈다. 우선 가장 큰 2절판에 속하는 고래로는 말향고래, 수염고래, 긴수염고래, 혹등고래, 흰긴수염고래, 유황고래가 있다. 두 번째 중간 크기의 8절판에 속하는 고래로는 오도경, 흑고래, 코고래, 상어고래, 킬러고래 등이 있다. 끝으로 작은 크기의 12절판에 속하는 고래로, 만세 돌고래, 해적 돌고래, 가루 돌고래가 있다. 이들은 크기는 4~5피트밖에 안되지만 물을 뿜고 또한 꼬리가 수평으로 되어 있기 때문에 고래의 종류에 속한다. 이런 분류에 비껴서는 많은 고래들이 또한 있다. 이스마엘은 고래학의 체계화가 미완성임을 자인하면서 후세 사람들을 위해 초석만 놓은 격이라고 말한다.

고래의 종류에 대해 개괄한 다음 이스마엘은 상선과 다른 고래잡이배의 특수성으로서 작살꾼 수장의 존재에 대해서 언급한다. 네덜란드 고래잡이에서 흔히 볼 수 있지만, 선장은 항해를 주로 책임지고 고래잡이에 따르는 일체의 일은 작살꾼 수장이 지휘하는 것으로 되어 있다. 고래잡이배도 상선과 마찬가지로 고급선원과 일반선원의 처소가 구분되어 있는데, 고급선원은 선장의 선실이 있는 뒷갑판에 머물고, 일반선원은 선수 쪽에 처소가 마련되어 있다.

고래잡이배도 상선의 경우와 마찬가지로 위계질서가 엄하다. 선원들은 뒷갑판의 엄격한 규율과 질서에 복종해야 한다. 고급선원들은 선장과 함께 선실에서 대개 식사를 하는데, 식사의 예법과 순서 및 자리에서 일어나는 것도 정해진 관례에 따라 행해진다. 피쿼드 호의 경우 선장 아합이 비사교적이고 말이 없기 때문에 고급선원들의 식사는 침묵 속에서 엄숙하게 행해지는 반면, 뒤이은 작살꾼들의 식사는 떠들썩하고 자유분방한 분위기이다. 미국의 포경선은 윗돛대의 꼭대기에 망루를 설치하고 선원들이 이곳에 올라가서 대개 2시간 정도씩 교대로 당직을 선다. 선상으로부터 100여 피트 되는 이 망루에서 멀리 망망대해를 바라보노라면 명상에 잠기거나 환상에 빠지기 쉬워서 자칫 고래를 발견하는 본래의 직무를 소홀히 할 수도 있다.

아합, 모비딕 추적을 선언

그러던 어느 날 어느 때보다도 더 깊은 상념에 빠져 있던 것처럼 보이던 아합은 피쿼드 호의 전 선원들을 뒷갑판으로 모이게 한다. 그는 선원들에게 자신의 한쪽 발을 앗아간 것이 유명한 흰 고래 모비딕임을 말하면서 스페인 금화 한 잎을 모두가 볼 수 있는 큰 돛대 위에 망치로 박아 걸고서 누구든 모비딕을 처음 발견하는 사람에게 상으로 줄 것이라고 말한다. 그리고 아합은 모비딕을 잡을 때까지 희망봉이든 케이프 혼이든, 온 세계의 바다 구석구석까지 그것을 추격할 것이라고 선언한다 피쿼드 호 출항의 주목적이 모비딕의 추적이라는 아합의 말에 일등항해사 스타벅은 선원들이 목숨을 걸고 바다에 나온 것은 고래를 잡아서 그 기름으로 통을 채워가지고 낸터키트로 돌아가 시장에 팔기 위한 것이지 선장의 개인적 복수를 위해서가 아니라고 이의를 제기하고, 아울러 말 못하는 짐승에게 복수하고자 하는 것은 신성모독이나 다름없는 행동이라고 덧붙인다. 아합은 모비딕은 악의 표상이니 포획해야 마땅하다고 역설한다.

> 다시 한 번 들어 보아—좀더 심층을 보란 말일세. 이봐, 눈에 보이는 모든 물체들은 마분지 가면에 지나지 않는 거야. 그러나 하나하나의 사건에는—살아 움직이는 행동, 의심의 여지가 없는 행동에는—잘 알 수 없지만 이성적인 그 무엇이 있어서 그 무심한 가면 뒤로부터 그 형상의 틀을 내미는 것이야. 남자가 치기로 작정했다면, 가면을 꿰뚫어버리도록 치란 말이야! 갇힌 자가 벽을 뚫지 않고 어떻게 밖으로 나갈 수 있겠는가? 내게는 흰 고래가 바로 그 벽, 내게 바짝 다가온 벽이란 말이야. 나도 가끔은 그 벽 너머에 아무것도 없는 것이 아닌가라는 생각을 하지. 그러나 이걸로 충분해. 그 놈은 나를 괴롭히고, 내게 덤벼들고 있어. 나는 그 놈에게서 불가사의한 악의가 불끈 솟아 있는 포악한 힘을 본단 말이야. 그 알 수 없다는 점이 내게는 가장 가증스런 일이야. 흰 고래가 대리자이건 주체이건, 나는 그 놈에게 그 증오를 풀어야겠어. 이보게, 내게 신성모독이란 말은 하지 말게. 태양이라도 나를 모욕하면 칠거야. 태양이 그렇게 한다면, 나도 그렇게 할 수 있단 말이야. 질투가 모든 창조물에 깃

들여 있는 법이지만, 여기에만은 일종의 공명정대함이 있다고 해야 하지 않겠는가. 그러나 공명정대함도 나는 섬기지 않아. 누가 내 위에 있단 말인가. 진리는 어떤 한계도 없는 것이야.

그의 격정적인 웅변에 취한 선원들이 아합의 복수에 동참할 것이라고 맹세하자 스타벅도 할 수 없이 무언으로 이에 동조한다.

아합은 술을 내오게 하여 모든 선원들에게 돌리면서 모비 딕을 추적하여 살해할 결의를 이끌어낸다. 선원들이 술에 취해 떠들고 춤을 추는 동안 아합은 선실로 돌아와 지는 해를 바라보면서 다시 상념에 잠긴다. 그는 한편으로는 자신의 계획이 광기에 가까운 무모한 것임을 자인하면서도 그것이 피할 수 없는 운명적인 것이라고 생각한다. 그는 일찍이 자신의 인생에 대해 예언된 그대로 다리를 잃었음을 상기하고, 이제 다리를 절단한 자를 기필코 처단할 것이라고 새삼 다짐을 한다. 그리고 그것이 실현될 때까지 어느 누구도 자신을 가로막지 못할 것이라고 다시 한 번 결의를 불태운다: "나의 일념의 길에는 철로가 깔려 있고, 나의 영혼은 그 홈파진 철길을 줄기차게 달린다. 밑을 헤아릴 수 없는 계곡을 넘고, 굽이굽이 돌아가는 산을 지나, 소용돌이치는 격류 속을 뚫고 나는 흔들림 없이 앞으로 돌진한다. 방해하는 자는 없다. 이 선로를 구

부러뜨릴 자는 없는 것이다!"

모비딕

   아합의 부추김으로 전설적인 흰 고래 모비딕에 대한 관심이 고조되자 이스마엘은 모비딕에 대해 보다 자세히 살피고자 한다. 그는 모비딕에 관한 고래잡이 선원들의 입에 오르내리는 대부분의 소문들, 예컨대 모비딕의 흉포함, 멀리 떨어진 장소에 거의 동시적으로 나타나는 신출귀몰함, 어떤 공격으로도 죽일 수 없는 불멸성 등은 선원들 특유의 과장벽 탓이라고 생각한다. 그렇긴 하지만 모비딕의 외적 특징, 곧 백설처럼 희면서 주름잡힌 앞이마와 피라미드처럼 높은 흰 육봉을 지니고 있는 특이한 형상은 사람들의 상상력을 자극하기에 족한 것이다. 모비딕은 이런 외적 형상뿐만 아니라 쫓기다가도 갑자기 돌아서서 배를 공격하는 것과 같은 교활한 지혜와 난폭함으로 다른 말향고래와 구별된다. 아합 역시 이런 피해자 중의 하나였다.

   모비딕과의 대결에서 아합은 부서진 보트의 이물에서 모비딕에게 칼을 휘둘러 찔렀으나 모비딕은 낫 모양의 아래턱을 밑에서 쓸어 올리면서 그의 발을 잘랐던 것이다. 아합은 모비딕을 자신의 발을 잘라버린 상해자로서만이 아니라 "사람의 마음을 광기로 몰아넣고 괴롭히는 모든 것, 사물을 그

밑바닥에서부터 휘젓는 모든 것, 사악을 품고 있는 모든 진리, 근육을 분쇄시키고 뇌를 굳게 만드는 모든 것, 생명과 사상에 내포된 모든 음흉한 악마성"의 화신으로 여기게 되었다.

아합에게 이처럼 세계의 악을 표상하는 모비딕, 그리고 다른 선원들에게 말할 수 없는 공포감을 불러일으키는 모비딕, 이 흰 고래가 이스마엘 자신에게는 어떤 의미를 띠는가? 이스마엘은 「고래의 흰 색」이라는 제목이 붙은 장에서 이 문제를 자세히 탐구한다. 이스마엘은 모비딕이 불러일으키는 전율의 근원이 흰 색의 외양 때문이라고 단정하면서 도대체 왜 흰 색이 그런 감정을 야기하는지 자문한다. 그는 우선 자연물의 경우 흰 색이 아름다움과 기품을 더해주고, 인간사에서는 존귀와 권위, 또는 환희, 순결, 온후함을 상징하고, 그 밖에 명예, 신성함, 숭고함을 표상한다는 점을 말한다. 흰색은 또한 외경심과 공포감을 자아내기도 하는데, 극지방의 흰 곰이나 열대의 흰 상어, 드넓은 초원의 백마가 바로 그런 예이다.

그런가 하면 흰색은 묘한 혐오감을 자아내기도 한다. 백색증 환자, 시체의 창백함이나 수의가 바로 그런 느낌을 준다. 흰 새에 대한 이러한 갖가지 정서적 반응은 감정의 예민성이나 상상력의 유무의 문제가 아니라 문화적 기억 이전의 어떤 근원적인 기제의 작용 때문일 수 있다. 그러나 이스마엘은 결국 이처럼 흰 색이 보는 사람에 따라 다양한 느낌을 불러일으키기 때문에 그 궁극적 본질을 파악하는 것은 불가능한 일이라는 생각에 이른다. 자연의 유기적 의미, 궁극적 질서를 찾고자 하는 것은 환상인 것이다. 세계는 중심 없는 공허요 광막함일 뿐이다. 흰색이 공포감을 자아내는 것은 흰색이 흰색으로서 어떤 본질을 지녀서라기보다는 역설적으로 색깔이 없는 상태이면서 동시에 모든 색이 응집되어 있는 혼돈 그 자체이기 때문이다. 눈에 보이는 모든 것은 결국 거짓된 현상에 불과하다.

그러나 현재에 이르기까지 우리들은 아직도 이 백색의 주문을 해명하지 못하고 있으며 어찌하여 그처럼 무서운 힘으로 마음에 다가오는가를 밝히지 못하고 있다. 그런데 더욱 괴이하고 두려움을 주는 바는 무엇이냐 하면—그것은 우리들이 지금까지 보아 온 것처럼 영적인 것의 의미 깊은 상징, 아니 그리스도교도적인 신의 옷, 바로 그것이라고 할 수 있으면서 또한 인류에게 가장 가공스러운 것들을 더욱 강렬하게 만드는 매개체라는 점이다.
우리가 은하의 흰 심연을 바라볼 때, 그것이 흰 색의 불특정성으로 인해 우주의 중심 없는 공허 그 무한경을 암시하면서 모든 것의 절멸을 말하는 허무감으로 우리 등 뒤를 찔러대는 것도 그 때문인가? 이 또한 흰색은 본질적으로 하나의 색깔이라기보다는 현시적인 색깔의 부재 그 자체이면서 동시에 모든 색깔의 응집이기 때문인 것인가? 이러한 이유에서 황량한 설정에는 의미로 가득 차 있는 막막한 공백감―우리의 마음이 움츠러드는, 무색의, 아니 전색의 무신주의가 지배하는 것인가?

흰 고래 모비딕이 자아내는 공포감의 근원을 추적하면서 이처럼 자연의 궁극적 질서와 그 인식이라는 철학적 사색의 세계로 이끌렸던 이스마엘은 뒤이어 그렇다고 고래에 관한 이야기 모두를 환상이나 우화로 돌려서는 안 된다고 강조한다: "대부분의 육지 사람들은 이 세계의 가장 명명백백한 경이도 모를 정도로 무지하기 때문에 고래잡이의 역사나 그 밖의 분명한 사실에 대해 말해두지 않으면, 모비딕에 관한 이 모든 이야기를 무슨 기괴한 우화로 여기거나, 한 걸음 더 나아가 그보다 더 끔찍하고 혐오스러운, 가증스럽고 견딜 수 없는 알레고리쯤으로 오해하는 것이다."

그리하여 이스마엘은 자신의 경험담이나 다른 선원들에게 들었던 내용 몇 가지를 사실의 증언으로서 덧붙인다. 첫째, 말향고래가 작살을 맞고서 그것을 몇 년씩 몸에 지니고 다니다가 같은 사람에게 또 다시 작살을 맞는 경우도 있다. 둘째, 고래가 나타나면 작살꾼들은 본선으로부터 보트를 띄워 고래를 추적하는데, 작은 보트로 고래를 추적하는 이 일이야말로 대단히 위험해서 인명이 희생되는 것은 흔한 일이다.

셋째, 모비딕을 제외하고도 말향고래들 중에는 고래잡이배는 물론 군함까지도 공격하여 선창에 구멍을 내거나 침몰시키는 힘과 지혜가 출중한 것들이 있다.

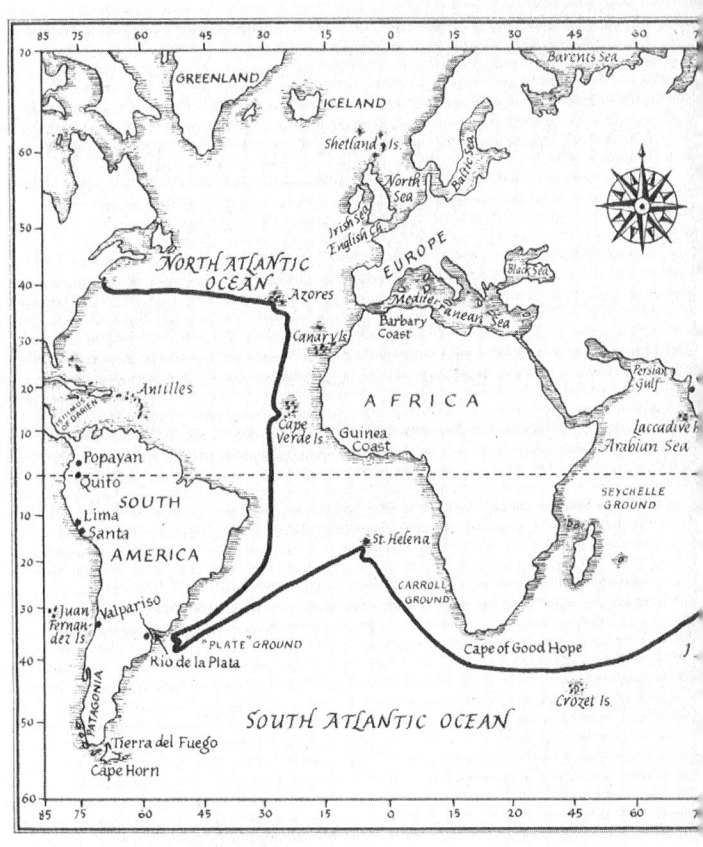

첫 출격

모비딕 추적에 선원들의 동참을 끌어낸 아합은 거의 매일 밤 선실에서 해도를 꺼내 놓고 항로를 연구했다. 광활한 대양을 떠돌아다니는 고래를 뒤쫓는 것은 일견 무모한 것처럼 보

▼ 피쿼드 호의 항로.

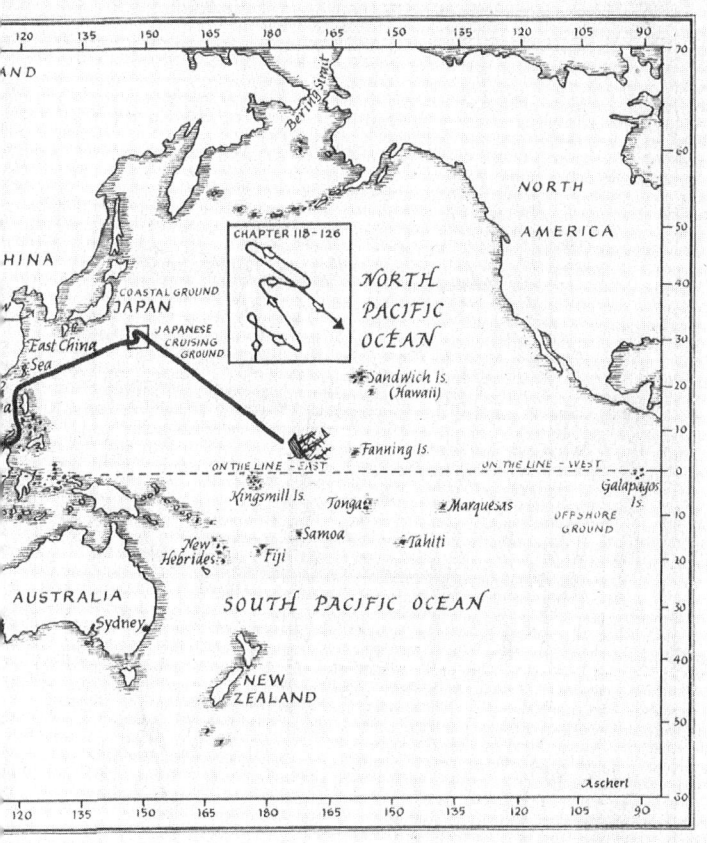

이지만 말향고래들은 해류나 먹이를 따라 대개 정해진 코스를 다니기 때문에 어느 때 어느 지점에서 모비딕과 만날 수 있는지를 헤아리는 것이 반드시 어려운 것만은 아니었다. 아합은 밤늦도록 해도를 들여다보면서 선을 긋고 여러 가지 표식을 하면서 모비딕의 이동항로를 추측하는 데 골몰하다가, 생각에 지쳐서 야밤에 갑판으로 뛰쳐나가기도 하고, 그 일념으로 악몽에 시달리기도 하였다. 그는 편집증적 일념에 사로잡혀 스스로를 세상의 이치를 거스르는 프로메테우스와 같은 존재로 만들고 게다가 격정과 고뇌의 독수리로 하여금 자신의 심장을 쪼아 먹게 만드는 생활을 이어가고 있었다.

그는 이런 고통스런 나날을 살면서도 고래잡이 일을 소홀히 하지는 않았다. 모비딕의 추적이 피쿼드 호의 주 항로임을 천명하고 선원들이 이에 동의했다고는 하나, 그들의 호주머니를 불려주지 않고서는 그들을 수족처럼 부릴 수 없다는 것을 그는 잘 알았다. 그래서 아합은 고래를 잘 살피라고 선원들을 독려하고 기회가 있을 때마다 고래를 잡아 기름통을 채우는 일을 게을리 하지 않음으로써 있을 수 있는 그들의 불만을 사전에 차단하기에 부심했다.

그런 노력이 헛되지 않아서 선원들이 밧줄 매트를 만들고 있던 어느 무더운 날 오후 주 돛대의 망루에 올라가 있던 타쉬테고로부터 고래를 발견했다는 함성이 터져 나왔다. 선원들이 고래를 추적하기 위해 보트를 내릴 준비를 하는데, 이제까지 보지 못했던 검은 옷에 흰 두건을 쓴 한 무리의 선원들이 홀연 나타나 선장용 보트를 내려 아합을 태웠다. 아합이 은밀히 선창에 숨겨두었던 마닐라 섬 출신의 배화교도들이었다.

이들 다섯 명의 배화교도들은 페덜러의 지휘를 받아 다른 보트를 제치고 날렵하게 고래를 쫓기 시작하였다. 네 척의 보트가 경쟁적으로 고래 떼에 가까이 다가간 순간 앞을 분간할 수 없는 폭풍이 일어서 일행은 뿔뿔이 흩어지고 말았다. 이스마엘이 탄 보트는 한동안 폭풍 속에서 본선인 피쿼드 호를 찾지 못하고 헤매었다. 한참 후 삐걱거리는 밧줄 소리에 일행이 되돌아보니 안개 속에서 본선이 갑자기 나타나 보트를 향해 돌진해 왔다. 그들은 모두 바다에 뛰어들었다. 정신을 차리고 보니 떠밀렸던 보트가 본선의 고물 쪽으로 떠내려 오고 있었다. 그들은 다시 보트에 올라타 구사일생으로 본선으로 돌아올 수 있었다. 본선에 맨 나중으로 끌어 올려진 이스마엘은 이 악몽 같은 첫 출항을 경험하고 나서 고래잡이에겐 생과 사가 순간적으로 엇갈린다는 것을 절감한다. 그는 죽음이 늘 입을 벌리고 있는 이 극한의 삶에서 오히려 "거리낌 없고, 편안하고, 낙천적인 자포자기의 철학"이 배태될 수 있음을 깨달으면서 퀴퀙을 증인자로 유언장을 작성한 다음, 이제 그 이후의 삶은 덤으로 여기고 편안한 마음을 갖고자 한다.

갬(Gam)

피쿼드 호는 아조레스 군도, 베르데즈 곶, 리오 드 라 플라타 하구, 캐롤 수역을 지나 계속 남하했다. 배는 순풍을 타고 잔잔한 바다를 미끄러지듯 달렸다. 세인트헬레나 섬을 지나고 이윽고 배가 선수를 동쪽으로 돌려 아프리카 남단 희망봉을 향해 나아가면서 폭풍이 잦아지고 바다 역시 거칠어졌다. 아합은 여전히 의족을 뒷갑판의 구멍에 집어넣고 한 손으로는 밧줄을 단단히 잡고 바람 불어오는 거친 바다를 말없이 응시하면서 항해를 지휘했다. 희망봉을 돌아 남동쪽 바다로 나오면서 피쿼드 호는 낸터키트 소속의 배 알바트로스 호를 만났다. 아합은 스쳐지나가는 알바트로스 호의 선장을 향해 모비딕을 보았느냐고 외쳤다. 알바트로스 호 선장은 대답을 하기 위해 트럼펫을 들었으나 잘못하여 그것을 바다에 떨어뜨리고 말았다. 두 배가 서로 거리를 벌리며 멀어지자 이제까지 피쿼드 호를 따라오던 물고기들이 알바트로스 호 쪽으로 몰려가는 것이 보였다. 이 불길한 징조에 선원들은 내심 불안해했으나 아합은 아무렇지 않다는 듯이 항해를 독려했다.

바다에서 배가 우연히 다른 배를 만나게 되면 대개의 경우 우편물과 정보를 교환하고 선원들도 서로 만나 회포를 풀 겸 해서 이른바 갬(gam)이라는 것을 한다. 이 때 한쪽 배의 선장이 보트를 타고 다른 쪽 배에 오르면 그쪽 배의 일등항해사가

해상의 '갬(Gam)'.

다른 쪽 배로 건너가 머무는 것이 상례이다. 아합은 다른 배를 만나도 거의 매번 갬을 행하지 않고 필요한 정보만 얻고서는 곧 항해를 계속했다.

희망봉 근해를 벗어나기 전에 피쿼드 호는 귀항 중인 또 다른 배, 타운호 호를 만나 갬을 행했다. 타운호 호의 선원들은 대부분 폴리네시아 인들이었는데, 피쿼드 호 선원들은 그들로부터 그 까닭이 모비딕에 있다는 것을 은밀히 전해 듣는다. 타운호 호는 항해 중에 배에 구멍이 나 물이 새들어 오는 바람에 선원들이 물 빼는 펌프질을 계속 했어야 했는데, 항해사의 모욕적인 언사와 힘든 노동의 강요에 일부 선원들이 지시를 따르지 않고 반란을 꾀하였다. 반란이 가라앉자 항해사는 약속을 어기고 반란의 주모자를 심하게 매질했고, 이런 부당한 징벌을 당한 주모자는 항해사를 살해할 계획을 세우고 있었는데, 그때 홀연 모비딕이 나타났다. 항해사는 배를 내려 즉시 모비딕을 뒤쫓았으나, 모비딕은 항해사의 배를 들이받고 물 속으로 떨어진 그를 집어 삼켰다. 선원들은 모비딕을 신을 대리한 정의의 집행자로 여기고 그를 다시 만날까 두려워서 배가 인근의 항구에 정박하자 모두 도망쳐버려서 결국 폴리네시아 선원들을 충원하여 다시 출항하였다는 것이다.

타운호 호의 이야기는 모비딕을 한층 더 신비스러운 존재로 만들면서 또한 그를 악의 표상으로 증오한 아합의 시각이 그만의 편견일 수 있음을 암시한다. 모비딕을 보는 시각이 이렇게 엇갈리는 것처럼, 고래 특히 거대한 말향고래를 소재로 한 그림들은 대다수가 부정확한 것이다. 다만 이름 없는 몇몇 프랑스 화가들이 남겨 놓은 판화 속에서나 비교적 사실에 근접한 고래의 모습을 볼 수 있을 뿐이다. 고래와 고래잡이의 약동적인 진면목은 오히려 고래잡이 선원들이 한가한 시간을 이용하여 고래 뼈나 나무, 철판, 조개껍질 등에 새긴 세공품(skrimshander) 속에서 찾아볼 수 있다. 고래를 본 적이 없는 뭍의 사람들이 그린 고래는 실제와 너무 동떨어진 환상이나 다름없다. 살아 있는 고래의 윤곽을 정확히 파악할 수 있는 유일한 방법은 자신이 고래잡이배에 직접 타보는 것이다.

바다와 고래잡이

피쿼드 호는 어느덧 인도양 남부의 크로젯 군도를 지나고

일로 북동쪽 자바 섬을 향해 달린다. 바다에 수염고래들이 즐겨 먹는 노란 색 청어 치어들이 수십 마일에 걸쳐 펼쳐 있어서 마치 대평원의 누렇게 여문 밀밭을 헤치며 달리는 것 같다. 바다는 이처럼 생명의 자양을 공급하는 삶의 터전이다. 바다는 또한 약육강식의 원리에 의해 서로가 서로를 잡아먹고 잡혀 먹는 식인주의가 지배하는 세계이기도 하다. 다시 말해 바다는 스스로 키운 생명을 냉혹하게 파괴하는 비정한 세계인 것이다. 바다에서 가장 거대한 고래조차도 바위에 부딪쳐 난파선처럼 잔해만 남을 수 있다.

사람들은 바다의 여러 가지 양상을 뭍에 견주어 말하지만, 바다는 근본적으로 다른 세계이다. 지극히 아름다운 하늘빛의 평온한 바다도 다만 가공할 공포를 숨긴 가면일 뿐이다. 바다는 "영원한 미지의 땅"이다.

어느 날 망루에 올라가 있던 작살꾼 대구가 모비딕이 나타났다고 외쳤다. 아합을 포함하여 선원들이 일제히 보트를 내

브라운(J. Ross Browne)의 *Etchings of a Whaling Cruise*에 실려 있는 고래잡이 목판화(1846).

려 달려갔으나 그것은 길이가 1/8마일이나 되는 거대한 흰 오징어였다. 바다는 이렇게 알 수 없는 신비로 가득 찬 곳이다.

오징어에 속은 이튿날, 무덥고 나른한 가운데 망루에 올랐던 이스마엘은 놀랍게도 바로 가까운 전방에 말향고래 한 마리가 헤엄치고 있는 것을 발견했다. 즉시 보트가 내려지고 고래를 추적하기 시작하였다. 스텁이 노련한 솜씨로 옆구리를 창으로 연거푸 찔러서 고래는 마침내 주변 바다를 온통 피로 물들이면서 죽었다. 이스마엘은 고래 잡는 밧줄, 작살꾼의 중요성과 작살던지기의 어려움, 그리고 필요할 때 신속하게 작살을 사용할 수 있도록 작살을 걸어두는 걸대에 대해서 자세히 설명한다. 잡힌 고래는 곧 뱃전으로 끌고 와 단단히 동여매진 다음 정제하기 편하게 해체되어진다. 종종 고래의 사체 주위로 상어 떼가 몰려들어 몸체를 이내 먹어치우기 때문에 선원들은 고래칼을 휘둘러 상어를 쫓아야 한다.

고래의 해체는 외피를 둘러싸고 있는, 약 12 내지 15인치 가량의 두터운 지방층을 벗겨내는 작업이다. 처음에는 고래의 몸체에서 "모포(blankets)"라고 불리는 비교적 큰 덩어리의 지육을 베어내고, 그것을 다시 중간 크기의 "마육(horse piece)"으로 절단한 다음 마지막으로 정제 솥에 넣기 좋게 "성경의 책장(Bible leaves)"이라 불리는 작은 조각으로 자른다. 지육을 모두 벗겨 낸 다음에는 머리를 절단하고, 나머지 사체는 뱃전에서 떠내려 보낸다. 이 사체의 주위로 새 떼와 상어 떼가 몰려들어 아직 붙어 있는 살을 먹어치운다. 베어낸 고래의 머리는 작은 고래일 경우는 고물 쪽 갑판으로 끌어올리지만, 큰 고래의 경우는 뱃전에 걸쳐 놓는다.

이렇게 출항 후 처음으로 잡은 고래를 처치하고 난 뒤 얼마 안 되어 피쿼드 호는 낸터키트 소속의 또 다른 고래잡이배 제로보엄 호를 만났다. 배에 악성 열병이 돌고 있어서 선장 메이휴는 피쿼드 호에 오르는 것을 피하고 멀리 떨어져서 잠시 아합과 대화를 나누었다. 그는 얼마 전에 모비딕과 마주쳤다는 것과, 추적에 나선 일등항해사 메이시가 모비딕에게 희생되었다는 것을 아합에게 전하였다. 제로보엄 호에는 모비딕을 세이커교 신의 화신으로 여기는 약간 정신이상인 가브리엘이라는 선원이 타고 있었다. 그는 모비딕을 공격하려는 메이시를 적극 만류했었는데, 그것을 무시한 메이시가 그런 참변을 당했기 때문에 그 이후로 가브리엘은 예언자와 같은 존재로 선원들의 마음을 좌지우지하고 있었다. 그는 아합이 모비딕을 추적한다면 그 또한 메이시의 뒤를 따를 것이라고 경고한다. 모비딕을 뒤쫓는 피쿼드 호의 앞날에 대한 가브리엘의 이런 불길한 경고로 선원들의 마음은 다시금 불안에 휩싸인다. 모비딕과 직접 마주쳐 피해를 입은 제로보엄 호와의 만남으로 피쿼드 호 선원들은 이제 그들 항해의 주목적인 된 모비딕과의 운명적인 만남이 점점 임박해오고 있음을 느꼈다.

얼마 후 피쿼드 호는 다시금 노란 치어의 물결을 만났다. 선장 아합은 뜻밖에도 이를 먹이로 삼는 수염고래가 보이면 잡으라는 명령을 내렸다. 수염고래의 기름은 말향고래의 그것에 비해 질이 떨어지기 때문에 피쿼드 호는 이제까지 수염고래를 만나더라도 잡지 않았었다. 스텁이 아합의 뜻밖의 명에 의아해 하자, 플래스크는 페덜러로부터 한쪽에 말향고래의 머리를 붙들어 맸을 경우 다른 쪽 뱃전에 수염고래의 머리를 달면 배가 뒤집히지 않는다는 이야기를 들은 적이 있다고 대답하였다. 얼마 지나지 않아 과연 수염고래 한 마리가 눈에 들어왔다. 스텁과 플래스크가 보트를 내려 추격 끝에 고래를 잡아서 본선으로 끌고 와 말향고래의 경우와 마찬가지로 두부를 절단하여 좌현에 매달았다. 이스마엘은 배의 양쪽에 매달려 있는 서로 다른 두 고래 머리를 각각 경험론자인 로크와 관념론자인 칸트에 빗댄다. 여기에는 아합의 편집증적 일념이 상기시키는 일원론적 사고에 대한 비판이 스며 있다. 삶은 한 가지 시각만으로는 제대로 파악할 수 없는 복잡한 것이다.

고래의 형상

이스마엘은 두 고래의 머리 형상을 비교함과 아울러 고래의 특이한 신체 구조를 특히 인간의 경우와 대비시켜 설명한다. 그 중에서도 특히 주목되는 것은 눈이다. 고래의 두 눈은 커다란 머리를 중심으로 좌우로 갈라져 있어서 각기 완전히 다른 대상을 바라본다. 그러나 인간은 두 눈을 통해서 보더라도 그 영상은 두뇌에서 하나로 합쳐진다. 비유하자면 "인간은 두 개의 창틀로 된 창문이 있는 초소에서 세상을 바라본다." 그러나 고래의 경우 이 두 개의 창문이 따로 분리되어 있다. 따라서 서로 다른 두 시각이 동시에 두뇌에 전달된다. 때때로 고래가 표출하는 예측할 수 없는 행동은 이에서 연유하는지도 모른다. "사람은 일별하여 어떤 광경의 전모를 볼 수는 있지만, 두 대상을 그것이 크건 작건 간에 동시에 세밀하고 완벽하게 관찰하는 것은 불가능하다. 두 대상이 나란히 놓여 있거나 접촉하여 있을 때는 물론 예외이다. 그러나 두 대상을 떼어 놓고, 그 하나하나를 어두운 둘레로 둘러싸게 하고서, 어느 하나를 관찰하고자 한다면 다른 한 대상은 그 순간 의식에서 완전히 제외되고 만다." 다시 말해 인간이 일원론적 사고에 집착하는 것은 눈의 구조가 야기하는 천성적인 것일 수 있다.

    고래의 눈은 그 거대한 몸집에 비해 작다고 할 수밖에 없다. 눈 뒤에 붙어 있는 귀 또한 토끼의 귀보다도 작다. 고래의 턱은 15피트나 된다. 말향고래는 위턱과 아래턱에 도합 42개의 이빨이 도열해 있으나, 수염고래는 이빨 대신 수염처럼 보이는 뼈들이 융기를 이루고 있다. 말향고래는 분출 구멍이 하나지만, 수염고래는 두 개이다. 고래의 외양에서 가장 주목되는 것은 몸길이의 1/3을 차지하는 그 거대한 머리이다. 그것은 뼈로 되어 있다기보다는 하나의 거대한 육봉이다. 그럼에도 그것은 예리한 작살이나 창이 튕겨 나올 정도로 단단해서, 마치 성벽을 공격하는 거대한 망치 같다. 말향고래의 머리통에서는 가장 값비싸게 치는 경뇌유(spermacetti oil)를 대략 500갤런은 추출할 수 있다. 그러나 수염고래에는 이런 향유원이 없다. 고래는 또 혀다운 혀가 없다. 고래는 분출 구멍을 제외하고서는 코도 없다. 그럼에도 불구하고 정면에서 바라보는 고래의 머리는 장엄하고 위엄이 넘쳐서 다른 어떤 생물에게서 찾아볼 수 없는 외경감과 신성스러운 느낌을 불러일으킨다. 고래의 두골은 약 20피트 정도인데, 그 안에 자리하고 있는 뇌는 10인치 정도에 불과하다. 세상의 모든 강력한 것들이 그렇듯이 고래 또한 기만적인 외양을 하고 있는 것이다. 그러므로 고래의 전모를 파악하는 것은 불가능하다. 이스마엘은 이렇게 말한다: "나는 다만 여러분들 앞에 고래의 이마를 내 놓을 뿐이다. 읽을 수 있다면 읽어보시라."

그 날 오후 피쿼드 호는 독일, 브레멘 소속의 융프라우 호를 만났다. 고래를 한 마리도 잡지 못한 융프라우 호의 선장은 기름통을 들고서 피쿼드 호로 건너왔다. 선장이 기름을 얻어

가지고 자신의 배로 돌아가기도 전에 한 무리의 고래 떼가 포착되었다. 두 배에서 동시에 보트가 내려지고 추격에 들어갔다. 무리의 끝에서 느릿느릿 헤엄치는 늙은 고래가 자연스럽게 표적이 되었다. 피쿼드 호 보트들이 앞서 달려간 융프라우 호의 보트를 제치고 먼저 고래에게 창을 던졌다. 고래가 숨을 헐떡이다가 죽자, 피쿼드 호는 붙잡은 고래를 단단히 비끌어 맸다. 그러나 고래는 기묘하게도 바다 밑으로 가라앉아 버렸다. 퀴퀙이 재빨리 고래에 붙들어 맨 철색을 도끼로 절단한 덕분에 피쿼드 호는 고래와 함께 수장되는 것을 면했다. 고래잡이는 이렇게 생사를 넘나드는 모험과 돌발사가 뒤따르는 것이기 때문에 예로부터 영웅과 예언자들이 경의를 표해 왔다. 고래잡이의 명예와 영광을 드높인 인물들이 많지만 그 중에 안드로메다를 구한 페르세우스, 영국의 수호성인 세인트 조지, 헤라클레스, 요나, 힌두교의 비슈누 신 등이 대표적이다.

 융프라우 호와 헤어진 지 얼마 되지 않아 다시 고래 떼가 발견되었다. 보트를 내려 추적에 들어갔는데, 고래의 속도가 빨라서 따라가기가 쉽지 않다. 이럴 때는 작살보다는 멀리 던질 수 있는 가벼운 창을 쓴다. 타쉬테고와 스텁이 잇달아 솜씨 좋게 창을 던져 고래를 잡을 수 있었다. 고래의 신비감을 더해주는 것으로 물 뿜기를 꼽을 수 있다. 그 분출이 물인가 아니면 수증기인가 하는 문제는 아직도 수수께끼이다. 세상에는 이렇게 분명해 보이는 일도 따지고 들면 확실하지 않은 경우가 허다하다. 이런 경우 직관에 의지할 필요가 있다.

그리하여 이스마엘은 말한다. "지상의 온갖 것에 대한 회의, 천상의 어떤 것에 대한 직관력, 이 양자가 결합될 때, 맹목적인 신앙자나 배교자가 되지 않고, 양자를 평등한 눈으로 보게 된다." 아름다움과 우아함 그리고 강력한 힘을 겸비한 고래의 꼬리 또한 고래를 신비스럽게 만드는 원천의 하나이다. 고래 꼬리의 상부의 넓이는 약 50평방피트이고 그 지름은 20피트가 넘는다. 꼬리가 하는 주요한 일은 다섯 가지이다. 첫째는 헤엄칠 때 앞뒤로 나가는 추진력을 제공한다. 둘째는 적을 위아래 혹은 측면으로 내리치는 무기 역할을 한다. 셋째는 섬세한 촉감으로 주위에 경고신호를 보낸다. 넷째는 물은 내리치는 데 쓰인다. 다섯째는 물밑으로 잠수하는 추진력을 얻는 수단이다. 이 밖에도 꼬리는 여러 가지 다른 용도의 쓰임이 있고 그 동작 또한 더할 수 없이 미묘해서 언어로 다 표현할 수가 없다. 고래의 전모를 알려고 하면 할수록 그 정확한 실체를 알 수 없다는 이스마엘의 한탄은 인식의 불완전성과 언어의 한계에 대한 절감으로 이어진다.

저렇듯 장대한 꼬리를 생각하면 할수록 나의 표현력이 서툰 것을 한탄할 뿐이다. 꼬리는 때때로 인간의 손짓도 따르지 못할 만큼 우아한 몸짓을 보여주나, 그것을 상세하게 표현할 수가 없다. 많은 무리를 짓고 있을 때 이따금 그 신비로운 몸짓은 너무나 경이로워서 고래잡이들은 그것을 프리메이슨의 비밀결사의 신호나 부호와 흡사하다고도 하고, 고래는 그것으로써 세계와 지혜로운 대화를 나누고 있는 것이라고 단언한다. 고래에게는 아주 경험 많은 고래잡이조차도 설명할 수 없는 그런 신비한 거동이 적지 않다. 나로서는 아무리 분석해 보더라도 고작 그 껍질을 벗기는 정도밖에 할 수 없다. 나는 고래를 모른다. 그리고 앞으로도 영원히 모를 것 같다. 이렇게 고래의 꼬리조차 모르니 어떻게 머리 부분을 알 수 있겠는가.

고래잡이의 경이

피쿼드 호는 이윽고 인도양을 빠져 나와 자바와 수마트라를 가르는 선더 해협을 통과한다. 동지나해로 들어서는 이 길목은 고래들이 떼를 지어 출몰하는 곳이기도 하다. 피쿼드 호는 반원형을 이루며 수없이 많은 물줄기를 뿜어 올리는 대함대의 고래 군단을 앞쪽과 뒤쪽에서 동시에 발견하였다. 보트를 내리라는 명령을 하려는 순간 아합은 뒤쪽에서 그들을 뒤쫓아 오고 있는 말레이 해적선을 발견한다. 돛을 올려 전속력으로 날려 해적선을 따돌리고 수마트라의 코가투 곶을 지나 넓은 해역으로 나오면서 피쿼드 호는 또 다른 고래 떼를 발견한다.

가너리(Ambroise Louis Garneray, 1783-1857)가 그린 고래잡이 그림 판화. 멜빌은 고래와 고래잡이를 소재로 한 대부분의 그림이 실상과 거리가 멀다고 비판하면서도 가너리의 그림만은 호평했다.

보트를 내려 이들을 추적하자 고래들은 대오를 지어 빠르게 도망치기 시작하였다. 그러나 어느 순간 그 대오가 갑자기 무너지면서 고래들이 사방으로 불규칙하게 선회하는 혼란이 일어났다. 퀴퀘은 가장자리에 떨어져 있는 고래를 선택해 작살을 던지고 주위의 다른 고래들에게는 나중에 붙잡을 셈으로 드르그를 던졌다. 작살을 맞은 고래는 이스마엘의 보트를 고래 떼의 한가운데로 끌고 들어갔다. 수많은 고래들이 원을 그리며 선회하는 그 중심은 이상하리만큼 조용하고 평온했다. 심지어 작은 새끼고래와 어미 고래가 뱃전으로 가까이 다가오기까지 했다. 그러나 이런 평온도 잠시였다. 작살을 맞은 고래 한 마리가 그 밧줄에 몸이 감겨 고통스런 나머지 마구 날뛰는 바람에 조용하던 원형의 호수에 물결이 일고 고래 떼들이 서로 부딪치면서 중심을 향해 일제히 몰려들었다. 거대한 고래들 사이에 끼여 부서질 위기일발의 순간 이스마엘의 보트는 열린 틈을 간신히 찾아 필사적으로 빠져 나왔다. 이런 고래 떼의 무리는 두 가지가 있다. 암컷들로만 이루어진 무리와 젊은 수컷들로 이루어진 무리가 그것이다. 수컷에 비해 크기가 1/3정도에 불과한 암컷들의 무리에는 대개 한 마리의 건장한 수컷이 기사처럼 이들을 보호하며 따라다닌다. 이 기사 고래도 나이가 들면 다른 수컷에게 자리를 내주고 하렘을 떠나 홀로 바다를 떠돈다. 자연을 벗 삼아 홀로 바다를 떠도는 고독한 고래는 대개는 늙은 고래이다. 수컷의 무리도 완전히 성숙하면 무리를 해체하고 저마다 자신의 하렘을 찾아 나선다.

작살을 맞은 고래가 도망치다가 다른 배에 잡히는 경우가 허다하기 때문에 포경업에서는 붙잡은 고래에 대한 소유권 분쟁이 심심치 않게 일어난다. 이에 대한 성문화된 법률이 있는 것은 아니나 관행으로 굳어진 규칙이 있다. 첫째, 잡힌 고래는 그것을 결속한 자의 소유이다. 여기에서 잡힌 고래란 배나 보트, 혹은 돛, 노, 밧줄, 전신줄, 그 밖의 선박용 밧줄에 의해 연결되어 있는 고래를 말한다. 여기에는 드러그나 와이프와 같은 점유 표식이 부착된 고래도 포함된다. 둘째, 놓친 고래는 먼저 잡는 자가 임자이다. 이 밖에 영국에는 고래의 머리는 국왕에게 꼬리는 왕비에게 바쳐야 한다는 법조문이 남아 있다. 예로부터 고래는 철갑상어와 더불어 제왕의 고기로 간주된 탓이다. 그래서 영국의 해안에서 잡히는 고래는 모두 왕의 소유로 여겨져 몰수되는 경우가 있다.

고래 떼와 마주쳤던 일주일 후 쯤, 피쿼드 호는 프랑스 국적의 로즈버드 호를 만났다. 로즈버드 호의 양 뱃전에는 죽은 고래 두 마리가 매달려 있었는데 악취가 진동하고 있었다. 이등항해사 스텁은 로즈버드 호가 그 때 드러그를 맞아 떠돌다가 죽은 고래를 건진 것으로 단정하고 보트를 타고 배로 건너갔다. 로즈버드 호 선장은 고래잡이를 잘 모르는 초심자였다. 스텁은 선장과 대화할 기회가 주어지자 선장을 조롱하는 말을 했으나, 그의 통역을 맡은 영국인 선원은 죽은 고래로 인해 역병이 창궐할 수 있으니 조심하라고 자기네 선원들의 바람을 담아 제멋대로 통역을 하였다. 이에 놀란 선장이 두 고래를 놓아버리자, 스텁은 악취 나는 죽은 고래의 창자를 찾아서 귀중한 용연향을 추출해냈다. 독특한 방향으로 이름 높아 향수나 머릿기름 혹은 포도주의 맛을 돋우는 데 사용되는 최고급 향유인 용연향은, 불가사의한 일이지만, 병들어 죽은 고래의 내장에서만 추출된다. 자연은 이처럼 부패의 한가운데에 가장 감미로운 향기를 감추고 있는 이중성을 보인다.

이스마엘은 여기에서 또한 오욕의 한가운데서 영광을 찾아 부활할 수도 있는 인간사의 한 단면을 본다. 며칠 뒤 피쿼드 호는 또 다시 고래 떼를 만났다. 고래를 잡는 동안 스텁의 보트에 탔던 흑인 소년 핍이 바다로 떨어졌다. 고래 추적으로 모두가 다급하였기 때문에 핍은 한동안 구원의 손길이 없이 망망대해의 끔찍한 고독 속에 내팽개쳐 있었다. 다행히 얼마 후 본선이 핍을 발견하고 그를 구조했으나 심약한 핍은 그 사이 공포감을 견디지 못하고 정신이 돌아버리고 말았다.

고래의 정제

핍의 정신이상이라는 대가를 치르고 얻은 고래를 뱃전에 묶은 뒤 피쿼드 호 선원들은 다시금 고래 정제 작업을 시작하였다. 몸체를 올리고 지육을 잘라내고 이어서 고래의 머리통에서 경뇌유를 퍼내었다. 통 속에 담은 경뇌유가 응고되는 것을 막기 위해 선원들은 통에 둘러앉아 경뇌유를 쥐어짰다. 이스마엘은 이렇게 선원들과 손을 맞잡고 경뇌유를 짜면서 굳었던 마음이 녹아 흐르고 따뜻한 동료애가 되살아나는 느낌을 맛보았다.

> 주물러 짜라! 주물러 짜라!(중략) 나는 나와 함께 일하는 사람들이 손을 부드러운 작은 알갱이로 착각하고 나도 모르는 사이에 기름 속에서 그들의 손을 주물러 짜고 있는 나 자신을 발견하였다. 이 일은 너무나 풍요하고 사랑스럽고 친근하고 애정 어린 느낌을 야기했고, 마침내 나는 계속해서 그들의 손을 주물러 짰

다. 그리고 감상적으로 그들의 눈을 올려다보면서, 오! 나의 친애하는 동료여, 무엇 때문에 우리가 삶의 신산스러움을 더 오래 품어야 하며, 사소한 짜증과 질투에 빠져드는가! 오시오, 우리 돌아가며 손을 주물러 짭시다. 아니, 우리 모두 자신을 짜서 서로 서로에게 집어넣도록 합시다. 우리 모두가 자신을 짜서 친절의 우유와 말향 기름으로 녹여냅시다.

이스마엘은 인간의 행복이란 지성이나 환상 속에 있는 것이 아니라 일상사, 곧 가정적 안락이나 따뜻한 마음에 있다는 것을 새삼 깨닫는다.

고래의 지육이 충분할 만큼 쌓이면 가마솥에 불을 지펴 정유하는 작업에 들어간다. 보통 앞 돛대와 큰 돛대의 중간 부분의 제일 넓은 갑판에 설치되어 있는 가마솥은 평시에는 승강구와 같은 뚜껑으로 덮여 있어서 보이지 않는다. 장작으로 일단 불을 지핀 다음에는 고래 지육의 부스러기를 주연료로 써서 가마솥을 달군다. 정제의 과정은 말하자면 고래 스스로가 연료를 공급하여 자신의 몸을 태우는 것이라 할 수 있다. 작살꾼들은 가마솥 옆에서 "성경의 책장"이라 불리는 가늘게 썬 지육 덩이를 펄펄 끓는 솥 안에 쉴 새 없이 집어넣는다. 지육을 얇게 하면 할수록 정제 작업이 용이해지고 기름의 질도 좋아지기 때문에 지육을 자르는 사람들에게는 작고 얇게

썰라는 주문이 이어진다. 가마솥에서 끓여진 기름은 구리로 된 냉각기에 부어졌다가 어느 정도 식으면 6배럴 들이의 통에 채워져서 선창 밑에 보관된다.

모비딕이 자주 출몰하는 태평양의 적도 근해로 접어들면서 아합은 이전보다 더 초조한 듯 뒷갑판의 나침반과 큰 돛대 사이를 버릇처럼 왔다 갔다 했다. 그는 이따금씩 현상금으로 돛대에 박혀 있는 더블룬 금화를 한참씩 응시하곤 했다. 금화에는 세 개의 산봉우리와 그것을 둘러싼 원 모양의 문양이 새겨져 있다. 아합은 물론 모든 선원들이 이 빛나는 황금색 부적을 우러러 보면서 제각기 자신의 관점에서 그 문양의 의미를 헤아려 보곤 했다. 아합은 거기에서 굽히지 않는 불굴의 의지로 무장된 자신의 자화상을, 스타벅은 삼위일체의 신을, 스텁은 12궁도를 각기 읽고, 플래스크는 그것으로 살 수 있는 담배의 개수를 헤아려보고, 퀴퀙은 자신의 문신을, 페덜러는 자신의 숭배 대상인 태양을 상기한다. 그런가 하면 핍은 사람들이 제각기 자신의 시각에서 그것을 보고 있음을 은연중에 빗대어, "나 본다, 너 본다, 그 사람 본다. 우리들 본다, 당신들 본다, 그들 본다"라고 중얼거린다.

피쿼드 호는 며칠 후 런던 소속의 사무엘 엔더비 호를 만났다. 런던의 사무엘 엔더비 회사는 영국에서는 처음으로 포경업을 시작하였고, 특히 일본 근처의 태평양 해역을 고래잡이 어장으로 개척한 유수한 포경 회사였다. 모비딕을 보았는가라는 아합의 탐문에 엔더비 호의 선장은 고래 뼈로 만든 의수를 들어보였다. 아합은 즉시 보트를 내려 엔더비 호를 방문했다. 부머 선장은 다른 고래를 잡다가 모비딕에게 공격당해 한 팔을 잃은 경위를 이야기하고, 모비딕을 잡으려 하는 것은 무모한 일이라는 의견을 피력한다. 그의 팔을 치료한 선의 벙거도 모비딕이 악의가 있다고 하나, 그것은 악의라기보다는 당황한 나머지 나온 행동일 뿐이라고 덧붙인다. 아합은 모비딕을 그냥 둘 수는 없다고 말하면서 자리를 박차고 일어났다. 엔더비 호의 선장은 아합의 격렬한 반응에 그가 미치지 않았는지 의아스러워 했다.

고래의 내부 형상

이제까지 고래의 외관과 고래잡이에 관해 이야기한 이스마엘은 이제 시선을 고래의 내부로 돌리고자 한다. 요나처럼 고래의 내부 속으로 들어가 볼 수는 없었지만, 그 자신 붙잡힌 새끼고래를 해부해 본 적이 있고, 또 남태평양의 아르새시데즈 섬에서 그곳 추장인 트랑코의 호의로 거대한 말향고래 유골을 관찰한 적이 있었기 때문이다. 섬의 원주민들은 고래의 유골을 골짜기로 끌고 와서 신전으로 만들고 제단을 차려 참배까지 하고 있었다. 그는 고래 유골의 크기를 측정하고 그것을 잊지 않기 위해서 오른팔에 문신으로 새겨두기까지 했다. 고래 뼈의 길이는 약 72피트이고, 그 중 두개골이 30피트, 나머지 50피트가 등뼈에 해당하고, 이 등뼈의 1/3 정도를 양쪽에 각 10개씩인 갈비뼈가 차지하고 있었다. 고래의 척추는 대략 40개인데 두개골과 연결되어 있지는 않다. 이 고래가 살아 있었을 때는 적어도 몸길이가 90피트는 되었을 것이고, 몸무게는 90톤은 나갔을 것 같다. 이런 거구이기 때문에 고래에 관한 기술은 몇 마디로 간단히 압축될 수 없는 것이다. 주제가 이처럼 거창하다보니 그 언어 또한 장중할 수밖에 없다.

평범한 주제인데도 그것에 대해서 거창하게 말하는 사람이 있다는 이야기를 가끔 듣는다. 그렇다면 큰 고래에 대해 쓰려고 하는 나는 어떨까? 나 자신도 모르게 쓰고 있는 글자가 현수막의 대문자처럼 커진다. 나에게 독수리의 깃털 펜을 달라! 베스비우스의 분화구와 같은 잉크병을 달라! 친구여! 나의 팔을 잡아다오! 이 리바이어던에 대한 나의 사상을 적는 것만으로 나의 팔은 녹초가 되고 팔을 뻗칠 대로 뻗쳐 넓게 휩쓸어야 하니 숨이 막힌다. 나는 이렇게 모든 학문의 세계, 역사 속의 모든 고래와 인간과 매스토돈, 그리고 과거 현재 미래의 온갖 연대기를 포함하고 지상의 제국에서 펼쳐지는 온갖 파노라마는 말할 것도 없고 우주는 물론 그 주변까지 통틀어 묘사하려는 것이다. 광범하고 자유로운 주체의 미덕이란 이처럼 절대적인 것이다. 우리 자신도 그 크기에 따라 함께 커지는 것이다. 웅대한 책을 낳기 위해서는 웅대한 주제를 선택해야 한다. 벼룩에 대해 써보려고 한 사람이 적지 않았겠지만 그것을 주제로 해서 웅대하고, 불후의 책이 씌어졌다는 말을 나는 들어 본 일이 없다.

고래의 화석은 알프스, 롬바르디아, 프랑스, 스코틀랜드, 미시시피, 알라버마 등 전 세계에서 발굴되고 있다. 이는 고래가 아득한 태곳적부터 바다의 왕자로서 군림했다는 증거이다. 오늘날 발굴된 화석 중에서 제일 큰 것은 알라버마의 것으로 73피트이다. 옛 문헌에는 800피트가 넘는 고래가 있었다고 기록되어 있지만, 그것은 믿을 수 없는 수치이다.

고래가 옛날에 비해 더 왜소해지고 있다고 주장하는 사람도 있으나, 이 역시 근거 없는 이야기이다. 피쿼드 호가 잡은 고래의 뼈들을 재보면 알라버마 것보다 약간 크기 때문이다. 포경기술의 발달로 고래의 남획이 지금처럼 계속된다면 고래 또한 서부 대초원의 버팔로처럼 조만간 절멸되지 않을까 염려하는 사람들이 있으나, 우려할 바는 아니다. 바다에서 이루어지는 고래잡이는 버팔로 사냥과는 비교할 수 없을 정도로 힘들고, 또 고래의 경우 인간의 손길이 미치기 어려운 심해나 극지역의 바다로 피신할 수 있기 때문이다.

아합과 목수

모비딕이 적도 근해에 나타났었다는 정보를 사무엘 엔더비 호에서 듣고 다급하게 피쿼드 호로 돌아오다가 아합은 그만 의족을 부러뜨리고 말았다. 그는 목수를 불러 즉시 고래뼈로 의족을 새로 만들라고 명한다. 피쿼드 호의 목수는 자신의 본업인 목공일뿐만 아니라 선상의 온갖 잡다한 수선 일과 기계의 고장을 도맡아 해결하는 만능 공작인이다. 그는 능숙한 솜씨로 파손된 보트를 수선하고, 부러진 돛대와 노를 손보고, 때맞춰 낡은 뱃전을 수리하여 낡은 피쿼드 호가 차질 없이 항해하게 만든 일등공신이라 할 수 있다.

그렇지만 그는 오직 자기 일에 몰두하며 이따금씩 혼잣말을 중얼거릴 뿐, 다른 사람에게 말을 거는 법이 거의 없었다. 목수의 요구에 응해 다리 치수를 재면서 아합은 모비딕에 대한 증오심이 더욱 거세게 솟구치는 것을 느낀다. 자신을 남에게 이처럼 의존해야 하는 처지로 만든 장본인이기 때문이다. 독자적인 삶을 갈구해온 그는 자신의 처지를 한탄하며 이렇게 혼잣말을 한다: "그리스 신처럼 자부심이 강한 내가 뼈 다리를 딛고 서는 신세로 이 바보 같은 자의 덕을 보아야 하다니! 인간의 삶이 상호 빚지지 않고서는 영위할 수 없다는 것, 삶의 대차대조표에 잔고를 없앨 수 없다는 것은 참으로 저주스러운 일이다. 나는 대기와 같이 자유롭기를 원한다. 하지만

나는 전 세계의 대차 장부에 이미 기입되어 있구나."

아합의 이런 자기파괴적 자부심과 편집증적 집념은 모비 딕이 출몰하는 해역이 가까워지면서 더욱 분명해진다. 스타벅은 어느 날 선창을 점검하다가 기름이 새는 것을 발견하고 아합에게 즉시 기름통을 점검할 것을 건의했으나 그는 시간이 없다면서 이를 거부한다. 스타벅이 재차 점검을 촉구하자 아합은 선반에서 총을 꺼내 그를 겨누면서 세상을 주관하는 신이 단 하나이듯이 피쿼드 호를 주재하는 선장도 단 하나뿐이라고 외치면서 명령에 무조건 따르라고 요구한다. 스타벅이 선실을 나가자 아합은 마음을 바꿔먹고 결국 선창의 점검을 명하지만, 스타벅은 그의 이런 행동을 자기파괴적인 강박관념이 점점 심화되고 있는 증거로 여기면서 피쿼드 호의 앞날에 대한 불안감을 떨치지 못한다.

선창에서 기름통을 꺼내 점검하는 일은 쉬운 일이 아니었다. 습기 찬 선창에서 하루 종일 일을 한 퀴퀙이 결국 열병에 걸리고 말았다. 사경을 헤매면서 퀴퀙은 카누 모양의 관을 만들어 달라고 주문한다. 목수가 관을 만들어 오자 퀴퀙은 작살과 약간의 비스켓 그리고 자신의 우상인 요조를 관 속에 비치하고 그 안에 들어가 누웠다. 그러나 퀴퀙은 며칠 후 기적적으로 건강을 되찾았다. 퀴퀙은 관을 옷장으로 사용하기로 하고 자신의 소지품을 그 안에 넣어두고는 틈이 날 때마다 뚜껑에 몸에 새겨진 문신과 흡사한 문양을 새겨 넣었다. 퀴퀘은 그 형상이 "하늘과 땅에 관한 완벽한 원리와 진리에 도달할 수 있는 기예에 대한 신비한 방법론"을 담고 있다고 설명한다.

태평양

이윽고 피쿼드 호는 남지나해의 바시 제도를 지나 광활한 태평양으로 나왔다. 이스마엘은 그 광활한 바다의 신비에 매혹되지만, 오로지 흰 고래 모비딕에 사로잡혀 있는 아합에게는 신비스럽고 시원적인 삶의 터전으로서의 일렁이는 바다의 모습은 눈에 들어오지 않는다. 피쿼드 호에는 주위의 변전상에 아랑곳 하지 않고 오로지 자신의 일만을 묵묵히 해나가는 또 다른 인물이 있으니, 바로 대장장이 퍼스이다. 자신의 의족을 고정시킬 죔쇠를 만드는 대장장이를 보면서 아합은 그에게서 자신의 삶의 일단—고통스러운 삶, 불가해한 운명을 소진시켜가는 삶의 태도를 본다. 그는 불운이 겹쳐 아내와 자식들을 잃고 바다 속 어딘가를 자신의 무덤으로 삼으리라는 생각으로 고래잡이배를 탄 인물이다.

그러니 대장장이 퍼스는 아합과 달리 불행한 운명이 마치 자신의 것이 아닌 양, 그것을 초월한 듯한 태도이다. 뜨거운 불 속에서 살면서 화상을 입지 않는 삶, 삶의 격렬한 아픔 속에서도 미치지도 않고 그것을 감내하고 있는 듯한 그의 삶의 태도가 아합에게는 불가사의였다. 그 비밀을 묻는 아합에게 퍼스는 이렇게 대답한다. "나는 전신에 이미 화상을 입고 있으니…… 화상을 졸업한 것이지요. 상처 난 자국은 좀체 다시 화상을 입지 않습니다." 아합은 자신이 간직하고 있던 자루에서 경철 조각을 꺼내서 그것을 녹여 작살을 만들어 달라고 주문한다. 그것은 모비딕을 잡기 위한 그의 또 다른 결의요 준비였다. 퍼스가 작살을 거의 완성하자 아합은 작살의 칼날을 불로서가 아니라 피로 식혀 단단하게 만들고자 세 작살꾼, 타시테고·퀴퀙·대구를 불러, 그들의 피를 한 방울씩 짜내게 했다. 그들의 피를 칼날에 적시며 아합은 라틴어로 이렇게 외친다: "주님의 이름으로가 아니라 악마의 이름으로 그대들에게 세례를 베푼다."

한 동안 바다는 평온했고, 대초원처럼 넘실대는 물결 사이로 고래 떼들이 이곳저곳에 출몰하여 피쿼드 호는 열심히 고래를 좇았다. 그러나 기대했던 것보다 성과는 적었다. 그러던 중 피쿼드 호는 기름통을 다 채우고 만선의 기쁨 속에서 귀향길에 오른 낸터키트 소속 배철러(Bachelor) 호를 만났다. 아합은 모비딕을 보았는지 물었으나 상대편 선장은 모비딕이 과연 존재하는지를 반문했다. 만선으로 낸터키트로 돌아가는 배철러 호에게 파국적 운명의 표상으로서 피쿼드 호의 항해에 내내 음영을 드리우고 있는 모비딕은 이처럼 존재하지 않은 환영에 불과한 것이다. 아합은 배철러 호를 뒤로 하여 서둘러 모비딕을 뒤쫓는 항해에 박차를 가한다. 며칠 후 피쿼드 호는 다시 네 마리의 고래를 잡았다. 그 중의 한 마리는 선장 아합이 죽인 것이었다.

그는 태양을 향해 머리를 돌리고 죽어가는 고래를 물끄러미 바라보며 사색에 잠긴다. 죽음은 이제 피할 수 없는 운명으로 그의 생각을 사로잡고 있다. 피쿼드 호는 세 마리의 고래를 뱃전으로 끌고 왔으나, 나머지 한 마리는 너무 멀리 떨어져 있어서 바로 끌어올 수 없는 형편이었으므로, 아합의 보트가 근처에서 불침번을 서며 고래를 지켰다. 졸다가 문득 깨어난 아합은 배화교도인 페덜러에게 관 꿈을 꾸었다고 말을 건다. 그러자 페덜러는 아합이 두 개의 관(특히 그 중의 하나는 미국 땅에서 자란 나무로 만든 관)을 보기 전까지는 결코 죽지 않을 것이란 예언을 하고, 또한 아합이 죽는 경우가 있다 하더라도 그것은 삼밧줄에 의해서일 것이라고 덧붙인다. 페덜러의 말을 교수형에 의한 죽음으로 이해한 아합은 그런 일이 없을 터이니 자신은 육지에서이든 바다에서이든 불사신이라고 호언한다. 페덜러는 죽음의 우울한 그림자로 마음이 무거웠던 아합에게 이렇게 모비딕을 계속 좇을 심적 에너지를 불어 넣었다.

태풍

 이윽고 피쿼드 호는 모비딕의 수역으로 알려진 적도 해역으로 들어섰다. 아합은 이물을 곧장 적도 쪽으로 돌리라고 명령했다. 그리고 아합은 태양에 의탁하여 위도를 측정하는 사분의를 물끄러미 바라본다. 그는 태양은 바다의 어디엔가 있을 모비딕을 내려다보고 있을 터인데도, 사분의는 다만 배의 현재 위치만 알려줄 뿐 고래의 소재는 일러주지 못한다는 사실을 생각하고 갑자기 격정적인 분노에 휩싸이면서 사분의를 갑판에 내동댕이친다. 아합의 이런 광기에 선원들은 모두 경악하고, 스타벅과 스텁은 아합이 모비딕과의 대결에서 결국 죽을 것이라는 예감에 다시 사로잡힌다. 피쿼드 호가 새로이 항로를 잡아 얼마 달리지 않아서 찬란한 햇살에 눈부시던 바다에 갑자기 먹구름이 일고 태풍이 몰아닥쳤다. 세찬 폭우와 격랑에 휩쓸리면서 피쿼드 호의 돛은 찢겨나가고 작은 돛대들이 부러졌다. 이 불길한 징조에 선원들은 모두 두려움에 떨면서 배가 침몰하지 않도록 사력을 다했다. 폭우와 더불어 천둥이 치고 번개가 번쩍였다. 뱃머리를 돌리기만 하면 태풍의 거센 바람이 오히려 순풍이 되어 희망봉을 돌아 낸터키트로 돌아갈 수 있으나 모비딕을 좇아 역풍을 무릅쓰고 배를 모는 것은 파멸의 길일 뿐이라는 생각이 스타벅의 머리를 스쳤다.

번개가 번쩍이며 어둠을 밝힐 때마다 아합은 번갯불이 모비딕이 있는 곳으로 인도해 줄 것이라고 소리를 쳤다. 스타벅은 벼락이 배에 떨어지는 것을 막기 위해 선원들에게 피뢰침의 끝을 바다에 던지라고 소리쳤으나, 아합은 그것을 제지했다. 그러자 세 개의 주 돛대 끝에서 파란 불꽃이 일기 시작했다. 이어서 보트에 걸어 놓은 아합의 작살 끝에서도 불꽃이 두 갈래로 뻗쳐 나왔다. 이 불꽃을 보고서 선원들은 공포에 질려 함성을 질렀다. 스타벅은 아합에게 이는 신이 모비딕을 죽이는 것을 나무라는 징조이니 항해를 그만두고 고향으로 돌아가자고 다시 간청했다. 아합은 불꽃이 일고 있는 자신의 작살을 잡아채 선원들을 향해 휘두르면서 선원들 모두 모비딕을 잡겠다고 맹세했던 것을 상기시키며, 누구든지 명령에 따르지 않고 밧줄을 푸는 자는 죽이겠다고 외쳤다. 아합의 이런 협박에 선원들은 공포에 젖어 뿔뿔이 도망쳤다.

밤새 계속되던 태풍은 새벽 무렵이 되면서 누그러졌다. 스타벅과 스텁이 배의 돛을 다시 정비하고 키잡이 또한 제자리에 위치하면서 피쿼드 호는 원래의 항로를 되찾아 앞으로 나아갔다. 스타벅은 아합에게 상황을 보고하기 위해 선장실로 내려갔다. 선장실 입구의 선반에서 그는 언젠가 아합이 자신에게 겨누었던 소총을 발견했다. 스타벅은 순간적으로 아합만 제거한다면 30여 명의 선원들을 이 파멸의 항해로부터 구해 아내와 자식이 있는 고향으로 돌아갈 수 있다는 생각을 하면서 떨리는 손으로 소총을 집었다. 그는 소총을 들고 선장실로 살그머니 들어갔다. 아합은 잠들어 있었다. 아합은 꿈결에서도 모비딕을 잡았다고 잠꼬대를 하고 있었다. 스타벅은 그를 한참 내려다보다가 아무래도 죽일 수가 없어서 겨누었던 총을 내리고 선장실을 물러나왔다.

이튿날 아침 아합은 상황을 살피기 위해 갑판으로 올라왔다. 폭풍이 가라앉고 구름 사이로 햇살이 비치고 있었다. 키잡이에게 배의 항로를 묻다가 아합은 간밤의 뇌우로 인해 나침반이 고장난 것을 알았다. 그는 선원들이 주시하는 가운데 돛을 꿰매는 바늘로 나침반을 고쳤다. 스타벅을 제외하고 모든 선원들이 경탄의 눈으로 그를 바라보았다. 아합은 나침반의 자철도 자신의 뜻대로 움직일 수 있다고 호언을 하면서 선원들 모두 자신의 뜻을 충실히 따르라고 독려하였다. 아합은 또한 오랫동안 사용하지 않고 있던 측정기를 찾았다. 아합의 명령에 따라 선원들이 측정기를 고물에 던졌으나 측정선이 너무 낡아서 그만 끊어지고 말았다. 아합은 목수에게 측정기를 새로 만들 것을 명하고 측정선 또한 새 것으로 대체하라고 명하였다.

피쿼드 호는 아합이 고친 나침반으로 방향을 잡고 새로 수선한 측정기로 항속을 재면서 항해하는 배가 드문 적도의 해역을 계속 항해했다. 어느 날 새벽 당직을 보던 플래스크는 사람의 통곡 같은 부르짖음에 깜짝 놀라 선원들을 깨웠다. 갑판에 올라온 아합은 그것은 인근의 바위섬에서 서식하는 어미를 잃은 새끼물개와 새끼를 잃은 어미 물개들이 배를 따라오면서 내는 소리라고 설명했다. 인간을 연상시키는 자태 때문에 물개에 대한 미신에 특히 민감한 선원들은 모두 이를 불길한 징조라고 생각하였다. 흉조는 이내 현실로 나타났다. 아침에 주 돛대의 망루에서 망을 보던 선원이 바다로 추락한 사건이 일어난 것이다. 배에 비치되어 있던 구명부표를 추락한 선원을 향해 던졌으나 선원은 이를 붙잡지 못하고 익사하고 말았다. 아니 붙잡았다고 하더라도 결과는 마찬가지였음이 곧 판명되었다. 구명부표가 너무 낡아 제 기능을 하지 못하고 물을 흡수하면서 가라앉고 말았기 때문이다.

모비딕의 해역인 적도어장에 들어서자마자 일어난 이 사건으로 선원들은 다시금 불안에 휩싸였다. 이를 불길한 미래의 전조라기보다는 이미 시작된 흉사의 하나라고 체념하는 선원들도 있었다. 선장은 스타벅에게 당장 구명부표를 새로 만들어 비치하라고 명했다. 마땅한 통을 찾을 수 없어서 고심하는 스타벅에게 퀴퀙은 자신의 관을 구명부표로 개조하라고 제안하였다. 관을 구명부표로 만들라는 이 엉뚱한 제안에 스타벅을 비롯한 다른 선원들은 잠시 망설였으나 다른 대안이 없었다. 스타벅은 곧 목수를 불러 퀴퀘그의 관을 구명부표로 만들라고 명하였다. 목수가 관을 부표로 개조하는 것을 지켜보고 있던 아합은 죽음의 표상이던 관이 '불멸의 보존자'로 변모되는 이 아이러니에 대해 생각에 잠긴다. 아합은 새삼 인간의 사념만이 현실성을 가질 뿐 그 밖의 모든 삼라만상은 무상할 뿐이라고 한탄한다.

이튿날 피퀴드 호는 낸터키트 소속의 또 다른 배 레이철 호를 만났다. 레이철 호의 선장은 보트를 내려 피퀴드 호로 건너왔다. 선장은 어제 고래잡이 중 흰 고래 모비딕을 만났다는 것과 모비딕을 추격하던 자신의 보트 한 척이 행방불명되었다고 말했다. 낸터키트에서부터 아합과 안면이 있던 레이철 호의 가디너 선장은 그 보트 안에 자신의 아들이 타고 있으니 수색에 협조해 달라고 아합에게 부탁하였다. 그는 두 배가 4~5마일 가량을 사이에 두고 나란히 달리면서 샅샅이 수색하면 성과가 있을 것으로 생각한다면서 그 수고에 대해서는 대가를 지불하겠다고 말했다. 그러나 아합은 이 부탁을 냉정히 거절하고 즉시 모비딕을 찾아 항해를 계속하라고 명령을 내린다.

아합은 이제 밤낮을 갑판에서 지내며 모비딕을 찾는 데 온 힘을 기울였다. 그는 모자를 푹 눌러쓰고 집중된 눈초리로 갑판을 오가며 망보기를 독려하고 그 자신 또한 몇 시간이고 석상과 같은 부동의 자세로 바다를 살폈다. 그는 선장실에 필요한 물건이 있어도 자신이 내려가는 대신 사람을 보내 가져오게 했고 심지어 식사조차도 갑판에서 했다. 페덜러 역시 아합과 마찬가지로 한시도 바다에서 눈을 떼지 않고 망을 보았다. 이런 긴장된 분위기로 인해 선원들 또한 입을 다물어 선상에는 무거운 적막감이 감돌았다.

레이철 호와 헤어진 지 4일이 지나도 모비딕의 자취가 눈에 띄지 않자 아합은 초조한 나머지 그 스스로 망루에 올라가 망을 보기 시작하였다. 거기에는 선원들이 모비딕을 발견하고서도 이를 알리지 않을 수 있다는 의구심도 곁들여져 있었다. 아합이 망루에 오른 지 얼마 되지 않아서 매 한 마리가 갑자기 날아 내려와 그의 모자를 낚아채 갔다. 또 한 번의 불길한 징조였다. 이런 와중에서 피쿼드 호는 또 다른 고래잡이배 딜라이트 호와 마주쳤다. 아홉 번째의 갬이었다. 아합의 모비딕 탐문에 딜라이트 호의 선장은 뒷갑판의 대들보에 놓여 있는 뼈대만 남아 있는 부서진 보트를 가리켜 보였다. 바로 전날 모비딕에게 다섯 명이 희생되었다는 것이다. 그 중의 한 시신을 거두어 장례를 치르고 있던 딜라이트 호의 선장은 모비딕은 결코 죽일 수 없을 것이라고 덧붙였다. 이에 아합은 자신의 작살을 휘두르면서 번갯불로 달궈 만든 것이니 그것으로 기필코 모비딕을 죽일 것이라고 외쳤다.

이튿날 아침 아합은 망루에 오르지 않고 갑판을 이리저리 걷고 있었다. 적도 지방에서 흔히 볼 수 있는 맑고 고요한 날씨였다. 화사한 하늘이 멀리 수평선에서 넘실거리는 남색 바다와 만나 사랑의 교향악을 연주하는 듯이 평온한 분위기였다. 아합은 뱃전에서 바다를 물끄러미 내려다보며 생각에 잠기다가 눈물을 흘렸다. 이를 지켜보던 스타벅이 그에게 다가갔다. 그는 스타벅에게 40년에 걸친 자신의 고래잡이 여정의 고독과 고달픔 그리고 회한을 털어 놓았다. 아합으로서는 이례적인 감정의 토로였다. 그는 소녀와 같은 아내와 결혼하여 첫날밤을 보내고 바로 이튿날 출항하여 아내를 생과부나 다름없이 만든 일을 되돌아보면서 40여 년 동안을 미친 듯이 고래를 쫓으며 바다에서 살아온 자신의 삶이 어리석기 짝이 없는 것이었다고 한탄한다. 이어 아합은 스타벅에게 모비딕을 발견하고서 보트를 내려 모두 뒤쫓더라도 그만은 배에 남아 목숨을 보전하라고 당부한다. 스타벅은 이렇게 감상에 젖은 아합을 보고서 마음을 돌려 낸터키트로 돌아가자고 다시 호소하였으나, 아합은 모비딕을 쫓는 것은 자신의 뜻이라기보다 내면으로부터 그렇게 내모는 신의 섭리요 숙명이라고 외치면서 스타벅의 제안을 거절한다.

모비딕 추적

그날 밤 아합은 습관대로 갑판에 나와 난간에 서서 바다를 바라보다가 고래의 냄새를 맡았다. 그는 선원들을 깨우고 배의 항로를 고래 냄새가 나는 쪽으로 돌리라고 명령하고서 망루로 올라갔다. 망루에 채 오르기도 전에 아합은 물을 뿜는 고래를 발견하였다. 몇 마일 전방에 물결 사이로 눈 덮인 산과 같은 흰 육봉을 드러내며 모비딕이 유유히 헤엄치고 있었다.

그것은 저 혼자인 양 유유히 헤엄치며, 아주 곱고 아름다운 양털과 같은 창백한 물거품의 원환 속에 감싸여 있었다. 앞쪽 너머로 조금 치켜든 두부에 거대하고 말려들어간 주름도 보인다. 그리고 또 그 앞쪽의 부드러운 터키 융단 같은 물결 위에는 그 커다란 젖 빛깔의 이마에서 하얗게 번쩍이는 그림자가 너울거리고, 그 그림자를 따라 잔물결이 장단을 맞추면서 일렁이고 있었다. 뒤쪽으로 그가 한결같은 몸짓으로 지나온 자리의 흔들리는 물이랑 속으로 푸른 바닷물이 차례차례로 흘러 들어갔다. 양쪽, 그의 옆구리에는 빛나는 물거품이 일며 춤추고 있었다. 그러나 이런 광경은 바다 위를 가볍게 나는 수많은 물새들의 가벼운 발장구와 그것에 뒤이은 갑작스러운 비상으로 다시금 흐트러지곤 했다. 그리고 모비딕의 등에는 페인트 빛이 선명한 상선의 선체에 걸어 놓은 깃발 장대와도 같이 최근에 던져진 커다란 창이 꺾어진 채 박혀 있었다. 그리고 이따금 구름처럼 하늘을 덮으면서 고래 위를 덮개처럼 이리저리 스쳐 나는 경쾌한 물새들 중의 한 마리가 소리도 없이 그 장대 위에 내려앉아 흔들리면서 기다란 꼬리털을 깃발인 양 나부끼고 있었다.

조용한 환희—힘차면서도 부드러운 어떤 안식의 느낌이 빠르게 활주를 계속하고 있는 이 고래에 넘치고 있었다. 유괴한 유로파를 자신의 우아한 뿔에 매달고 헤엄쳐가는 하얀 황소가 된 주피터 신, 처녀를 향한 그 열정적인 곁눈질, 크레타 섬의 사랑의 보금자리를 향한 곧바른 활주, 아니 그 주피터, 그 위대하고 장엄한 최고의 신인 주피터도 성스럽게 물결을 헤치며 달리는 이 위풍당당한 흰 고래의 모습을 능가하지는 못할 것이다.

아합은 선원들에게 자신이 모비딕을 맨 먼저 발견하였으니 돛대에 걸려 있는 금화는 자기 것이라고 외치고, 자신의 고래이니 자신이 가장 먼저 발견한 것은 당연한 것이라고 덧붙였다. 즉시 보트가 내려지고 운명적인 추적이 시작되었다. 스타벅만 본선에 남고 그 밖의 모든 선원들이 보트에 타고 바람 불어가는 쪽으로 헤엄치고 있는 모비딕을 향하여 돌진하였다. 페덜러를 앞세운 아합의 보트가 선두로 나섰다, 달렸다. 모비딕은 물결에 장단을 맞추면서 조용히 앞으로 내닫고 있었다. 그의 등에는 최근에 찔린 듯한 창의 꺾어진 긴 장대가 보였다.

아합 일행이 가까이 다가가자 모비딕은 추적을 알아차린 듯이 갑자기 꼬리를 하늘로 처들고 바다 밑으로 잠수해 들어갔다. 한 시간 가량이 흐른 후 흰 물새들이 일렬로 아합의 보트를 향하여 날아 오는 것과 거의 동시에 모비딕이 흰 이빨을 드러내며 보트를 향해 달려왔다. 아합은 즉시 보트를 선회시켰다. 그러나 모비딕은 턱을 옆으로 살짝 비키면서 아합이 탄 보트의 이물을 통째로 집어 삼켰다. 보트는 두 동강나고 아합은 바다에 내동댕이쳐졌다. 다른 선원들은 둘로 쪼개진 보트를 붙잡고 몰려오는 파도와 싸우느라 아합을 구할 엄두를 내지 못했다. 모비딕은 긴 몸을 계속 선회시키면서 난파된 선원들의 주위를 질주했다. 이 때문에 거대한 파도가 소용돌이를 일으키며 아합을 집어 삼켰다. 소용돌이 속에 잠겨 있던 아합은 모비딕이 일으킨 또 다른 파도가 밀려오면서 간신히 물마루를 타고 빠져 나왔다. 이를 지켜보던 본선이 중간으로 끼어들어 파도를 가라앉히는 사이 스텁의 보트가 아합과 다른 선원들을 구했다. 과다한 승선 인원으로 보트의 속도가 느려져서 고래를 더 이상 추적할 수 없다고 판단한 아합은 모두 본선으로 오르라는 명을 내렸다. 난파된 보트를 수습한 후 아합은 다시금 모비딕이 달아난 방향을 향해 본선을 질주시켰다.

이윽고 해가 저물고 밤이 되었다. 아합은 망보기를 세우라고 명하고 배의 속도를 잠시 늦추었다. 이튿날 새벽 무렵 망루에서 고래의 물 뿜기가 보인다는 외침이 들려왔다. 그러나 물 뿜기는 한 번으로 끝나고 더 이상 이어지지 않았다. 아합은 망보기 선원이 착각한 것이라 생각하고 자신이 직접 망루에 올랐다. 아합이 망대에 앉자마자 1마일도 떨어지지 않은 가까운 곳에서 모비딕이 홀연 몸을 드러냈다. 모비딕은 자신의 위용을 과시하듯이 맑은 하늘을 향해 몸을 솟구쳤다가 굉음을 내며 바다로 떨어졌다.

아합은 또다시 본선을 스타벅에게 맡기고 보트를 내려 모비딕의 추격에 나섰다. 다른 두 보트도 이내 아합을 뒤따랐다. 모비딕은 몸을 돌려 세 척의 보트를 향해 돌진해왔다. 고래가 근접하자 보트는 정면을 향해 돌진하면서 일제히 작살을 던졌다. 모비딕은 아랑곳하지 않고 입을 벌린 채 보트 쪽으로 뛰어 들어와서 꼬리를 종횡무진으로 치며 선회하기 시작하였다. 이 때문에 작살에 달린 밧줄이 얽히면서 보트는 모비딕이 움직이는 대로 끌려 다녔다. 모비딕은 스텁과 플래스크의 보트를 꼬리 쪽으로 끌어당겨 맞부딪치게 하고는 자신은 물 속으로 잠수하였다. 산산조각이 난 두 보트의 파편들이 고래가 사라지고 남은 소용돌이를 따라 빙빙 돌았다. 난파를 면한 아합의 보트가 숨을 돌리기도 전에 잠수했던 모비딕이 수직으로 몸을 밀고 올라와 보트를 공중으로 쳐올렸다. 아합과 선원들은 전복된 보트 밑에서 가까스로 빠져나왔다. 이 광경을 지켜보던 본선이 곧 달려와 물 위에 떠도는 선원들을 구했다. 보트의 파편에 몸을 의탁하고 있던 아합도 곧 구조되었다. 아합의 고래 뼈 다리는 끊어져 있었다. 기진맥진한 아합은 스타벅에게 몸을 기대고 인원을 점검하였다. 배화교도 페덜러가 보이지 않았다. 스텁은 그가 엉킨 밧줄에 질질 끌려가는 것을 본 것 같다고 말했다.

페덜러는 아합이 죽어서 저 세상으로 갈 때 자신이 길 안내자 노릇을 할 것이라고 예언을 했었다. 아합은 페덜러의 예언이 들어맞지 않는 점을 의아해 한다. 스타벅은 다시 한 번 아합에게 모비딕의 추적을 중단할 것을 간청한다. 그러나 아합은 운명이 시키니 그것을 따를 수밖에 없다고 말하면서 자신의 명령에 복종하라고 스타벅을 다그쳤다.

셋째 날 아침이 밝았다. 날씨는 더할 수 없이 맑고 상쾌했다. 망루의 감시원들은 모비딕의 항적을 열심히 찾았으나 어디에도 그의 모습은 보이지 않았다. 정오가 가까워오는데도 모비딕의 모습이 보이지 않자 아합은 그를 앞질렀다고 판단하고 배의 방향을 돌려 오던 방향으로 되돌아가라고 명했다. 그리고 아합은 다시금 자신을 망루로 끌어올리라고 말했다. 한 시간 정도 망루에서 바다를 살피다가 아합은 드디어 고래가 뿜어 올리는 물길을 발견했다. 모비딕이었다.

아합은 밤새 수선한 보트를 내리라고 명하고 모비딕과의 세 번째 대결에 나섰다. 세 척의 보트가 다시금 고래를 향해 달려갔다. 보트가 모비딕 근처에 거의 다가갔을 때 본선으로부터 그가 잠수했음을 알리는 신호를 보내왔다. 세 척의 보트가 잠시 멈추어 고래의 향방을 가늠하려고 하는 순간 그들 사이로 모비딕의 거대한 몸체가 불쑥 솟아올랐다. 모비딕은 곧바로 꼬리로 수면을 교란시키면서 스텁과 플래스크의 보트를 내리쳐서 앞머리를 파손했다. 모비딕은 다시 거대한 몸을 돌려 파손된 보트 옆으로 돌진하면서 몸체의 한쪽을 드러냈다. 놀랍게도 모비딕의 등에는 밧줄이 여러 겹 칭칭 감겨 있고 그 중의 한 밧줄 사이에 반은 찢겨져 나간 페덜러의 시체가 끼여 있었다.

아합은 난파된 배에 매달려 있던 선원들에게 본선으로 돌아가라고 명령하고 자신의 보트로 다시 모비딕을 향해 돌진했다. 모비딕은 지친 듯이 천천히 움직였다. 아합의 보트는 이윽고 모비딕의 옆구리와 평행하게 달렸다. 아합은 고래를 향하여 작살을 날렸다. 모비딕은 몸을 뒤채이다가 앞으로 내닫기 시작하였다. 작살에 달린 밧줄이 팽팽해지면서 아합의 보트도 앞으로 끌려갔다. 그러나 이내 밧줄이 긴장을 견뎌내지 못하고 허공에서 끊어지고 말았다. 아합은 다시금 모비딕을 쫓았다. 그러자 앞으로 달리던 모비딕이 휙 방향을 바꾸더니 근처에 있던 피쿼드 호를 향해 달려들어 앞머리로 고물의 우현 쪽을 강타했다. 피쿼드 호는 요동치는 파도 사이에서 침몰하기 시작했다. 이를 지켜보던 아합은 문득 피쿼드 호가 바로 페덜러가 예언했던 아메리카 산 목재로 만든 두 번째 관이라는 생각이 들었다. 그 사이 모비딕은 가라앉는 선체 밑으로 잠수했다가 바로 아합의 보트 근처에서 다시 솟아올랐다. 아합은 온 힘을 다해 모비딕을 향해 작살을 던졌다. 밧줄이 작살을 따라 풀려 나가다가 엉켰다. 아합이 몸을 굽혀 엉킨 밧줄을 풀려고 하는 순간 밧줄 고리가 날아오르면서 그의 목을 휘감아서 바다 속으로 내동댕이쳤다. 또 다른 선원도 텅 빈 밧줄 통에서 뛰쳐나간 밧줄 고리에 얻어맞고서 물 속으로 가라앉았다.

침몰하는 피쿼드 호의 돛대 정수리가 소용돌이치는 물결 위로 잠시 보였다. 이윽고 바다는 파손된 배의 파편을 비롯하여 창과 노 그리고 선원들을 거대한 동심원의 소용돌이 속으로 끌어당겨 흔적도 없이 삼켜버렸다. 소용돌이치는 파도 위로 바닷새들이 떼를 지어 날아갔다. 근처의 바다에서 허우적거리던 이스마엘도 그 거대한 소용돌이 속으로 빨려 들어갔다. 그러자 소용돌이의 중심에서 퀴켁의 관을 개조해 만든 구명부표가 솟구쳐 올랐다가 이스마엘의 근처로 밀려왔다. 이스마엘은 관통을 붙잡아 그것에 의탁함으로써 소용돌이에서 빠져나올 수 있었다. 그는 그것을 부표 삼아서 이틀 동안 바다 위를 떠돌다가 지나는 배에 발견되어 극적으로 구조되었다. 이스마엘을 구한 배는 실종된 아들을 찾기 위해 여전히 근처를 수색하고 있던 레이철 호였다.

3 관련서 및 연보

미국문학을 대표하는 작가로서

멜빌은 세계적으로 큰 주목을 받아 왔지만,

그의 문학이 국내에 소개된 정도나 한국문학에 끼친 영향은

그 문학적 위상에 비해 상대적으로 낮은 편이다.

그의 소설 중에서 『모비딕』을 제외하고

우리말로 번역되어 있는 것은 장편으로는 『타이피』가 유일하고,

그 밖에 중편 『빌리 버드』, 단편 「회랑」 「바틀비」 「베니토 세레노」

「피뢰침을 파는 사나이」 「마의 섬」 「종탑」 등이 번역되어 있다.

멜빌의 생애와 문학 세계 전반을 간략하게 소개하는 안내서로

『허만 멜빌: 탈색된 진실의 추구자』와

『모비딕』 전반을 조감할 수 있는 유용한 길잡이로서

『'모비딕' 다시 읽기』를 추천한다.

그 밖에 외국 연구서들을 짤막하게 소개함으로써

『모비딕』에 대한 연구 동향을 간단히 조망할 수 있도록 하였다.

『모비딕』 관련서

『모비딕』 번역본 및 멜빌의 다른 주요 작품들

『모비딕』의 영문판은 헤이포드(Harrison Hayford), 파커(Hershel Parker) 탠셀(G. Thomas Tansell)의 책임 하에 1968년부터 노스웨스턴대학 출판사(Northwestern University Press)와 뉴베리 도서관(Newberry Library)이 공동으로 간행하기 시작한 전 15권의 『허만 멜빌 전집 The Writings of Herman Melville』 중의 Moby-Dick; or The Whale(1988)이나 Moby-Dick(Hershel Parker ed., Norton, 1967)이 좋다.

『백경』(양병탁 옮김, 중앙출판사, 1987; 이 밖에 학원출판사판[이가형 옮김, 1983], 삼성출판사판[오국근 옮김, 1974] 등도 추천할 만하다.)

『타이피 Typee』(변희준 옮김, 금성출판사, 1981)

『피에르 Pierre, or The Ambiguities』(한국어판 없음)

『빌리 버드 Billy Budd, Sailor』(최수연 옮김, 열림원, 2002)

「바틀비 Bartleby, the Scrivener」(변희준 옮김, 금성출판사, 1981)

「베니토 세레노 Benito Cereno」(변희준 옮김, 금성출판사, 1981)

『멜빌 중단편집』(이승근 옮김, 학문사, 1990)

기타 참고도서

『허만 멜빌: 탈색된 진실의 추구자』(신문수, 건국대학교 출판부, 1995)
멜빌의 생애와 문학 세계 전반을 간략하게 해설하고 있는 초심자 용 안내서이다.

「'모비딕' 다시 읽기」(호손과 미국소설학회 편, 동인, 2005)
국내 학자들의 시각에서 『모비딕』을 새롭게 읽어 보고자 한 시도로서, 『모비딕』의 형식, 주제, 인물, 수용 양상, 역사적 배경 등 나양한 입장의 논문이 수록되어 있어서 『모비딕』 전반을 조감할 수 있는 유용한 길잡이다.

Ishmael's White World: A Phenomenological Reading of Moby-Dick (Paul Brodtkorb, Yale University Press, 1965)

이스마엘이 『모비딕』의 주인공이라는 전제 하에 그의 의식과 언어적 아이러니를 현상학적 시각에서 분석하고 있는 책.

Exiled Waters: "Moby-Dick" and the Crisis of Allegory (Bainard Cowan, Louisiana State University Press, 1982)

벤야민(Walter Benjamin)의 알레고리 개념을 빌려, 『모비딕』을 공동체가 공유한 가치체계의 와해가 낳은 소설이라는 입장에서 접근하고 있는 책.

Moby-Dick and Calvinism: A World Dismantled (Herbert, T. Walter, Rutgers University Press, 1977)

멜빌 정신세계의 큰 비중을 차지하고 있는 기독교, 특히 칼빈주의 신앙의 문제를 조명하고 있는 책으로 멜빌의 종교적 태도를 엿보는 데 유용한 안내서이다.

Critical Essays on Herman Melville's Moby-Dick (Brian Higgins and Hershel Parker, ed., G. K. Hall, 1992)

『모비딕』 출판 당시부터 최근에 이르기까지 중요한 비평 에세이를 망라한 책이다.

Mariners, Renegades and Castaways: The Story of Herman Melville and the World We Live in (C.L.R. James, New York, 1953)

트리니타드 태생의 사회주의 이론가인 저자가 미국 민주주의 체제가 전체주의적 사고의 유혹에 쉽사리 빠질 수 있음을 『모비딕』의 예를 통하여 살피고 있는 책.

Moby-Dick: Ishmael's Mighty Book (Kerry McSweeney, Twayne, 1986)

『모비딕』의 역사적 컨텍스트, 소설 창작 과정과 수용, 구성, 화자, 장르, 중요 인물 등을 간결하게 해설하고 있는 안내서이다.

Call Me Ishmael (Charles Olson, Reynall & Hitchcock, 1947)

『모비딕』의 문학적 중요성을 일깨운 선구적인 저서 중의 하나. 특히 『모비딕』에 끼친 셰익스피어의 영향 및 미국문학에서 장소 의식의 중요성에 대한 지적은 『모비딕』을 읽는 후세의 시각에 큰 영향을 끼쳤다.

Moby-Dick as Doubloon: Essays and Extracts 1851~1970 (Hershel Parker and Harrison Hayford, ed., Norton, 1970)

『모비딕』 출판 당시부터 1970년대에 이르기까지 중요한 비평

에세이의 핵심 구절을 발췌하여 『모비딕』 비평사 전체를 간편하게 음미해 볼 수 있는 기회를 제공한다.

Literature, *Disaster, and the Enigma of Power: A Reading of Moby-Dick*(Eyal Peretz, Stanford University Press, 2003)

20세기는 전쟁으로 얼룩진 재앙의 시대였다. 『모비딕』의 운명론적 파국의 서사가 이런 시대를 사는 삶의 방식에 대한 놀라운 통찰을 보여준다는 입장에서 『모비딕』을 읽고 있다.

Will and Representation: The Philosophical Foundation of Melville's Theatrum Mundi(Ernhard Radloff, Peter Lang, 1996)

인간 주체성에 대한 최근의 관심을 『모비딕』에 적용하여 『모비딕』에 나타난 멜빌의 주체성과 재현에 관한 관심사를 조명한 책이다.

Herman Melville: Moby-Dick(Nick Selby, ed., Columbia University Press, 1998)

『모비딕』 비평사를 1850년대부터 최근의 신미국학파에 이르기까지 일곱 국면으로 나눠 정리하고 있는 책. 각 시기별 중요한 비평을 발췌하여 제시하고 그것의 논점과 역사적 의의를 덧붙이고 있어서 『모비딕』의 수용사 전반을 조감하는 데 도움이 된다.

The Salt-Sea Mastodon: A Reading of Moby-Dick
(Robert Zoellner, University of California Press, 1973)
소설의 여정에서 일어나는 사건에 대한 이스마엘의 정서적 반응을 다각적으로 분석하고 있는 책이다.

허만 멜빌 연보

1819년
8월 1일 뉴욕에서 아버지 앨런 멜빌과 어머니 머라이어 갠스부어트 사이의 3남으로 태어나다.

1830년
아버지의 사업 실패로 올바니로 이주. 올바니 학원에 다니다.

1832년
아버지 사망. 학교를 중퇴하고 올바니 소재 뉴욕주립은행에 취직하다. 형 갠스부어트 모피상을 열다.

1837년
3월 올바니 학원 중퇴. 형 사업 실패, 빚더미에 앉음. 6월에 큰아버지 토마스 멜빌의 피츠필드 농장에서 일을 돌봄. 이듬해

초까지 인근의 학교에서 교사 노릇을 하다.

1838년

생활비를 절약하기 위하여 머라이어 멜빌, 가족들을 솔가 랜싱버그로 이주(이때부터 끝에 "e"를 첨가하여 "Melville"로 가족의 성명을 표기하다).

1839년

이리 운하에서 일자리를 얻고자 했으나 실패하다. 첫 작품 「책상에서 얻은 소품」이 랜싱버그 신문에 게재되다. 6월에 리버풀을 왕래하는 세인트로렌스 호에 견습선원으로 승선하여 리버풀에 다녀오다. 겨울 동안 올바니 근교 그린부쉬에서 교사 생활.

1840년

일리노이주 갈레나로 큰아버지 농장 방문. 연말에 아쿠쉬네트 호에 승선키로 계약 체결.

1841년

1월 3일 아쿠쉬네트 호 매사추세츠주의 페어헤이븐 항을 출항하다.

1842년

7월 9일 마키저스 군도의 누쿠히바에서 동료 토바이어스 그린과 함께 탈주. 8월 9일 오스트레일리아 국적의 고래잡이배 루시 앤 호에 구조됨. 9월 24일 타이티에서 동료 선원과 함께 태업에 가담, 곧 체포되어 1개월가량 구금됨. 11월 낸터키트 소속 고래잡이배 찰스와 헨리 호에 승선.

1843년

5월 하와이 라하이나에서 내림. 이어 잠시 호놀룰루에서 상점원으로 일하다. 8월 수병으로 자원, 전함 미합중국 호에 승선 귀로에 오르다.

1844년

10월 보스턴에서 전역, 랜싱버그로 돌아오다. 『타이피』 집필 착수.

1845년

갠스부어트 런던공사관 서기로 부임. 형을 통해 런던에서 『타이피』 출판 교섭.

1846년

2월 런던에서 『타이피』(미국판, 3월) 출간되다. 5월 형 갠스부어트 사망. 멕시코 전쟁 발발

1847년

3월 런던에서 『오무』(미국판, 4월) 출간되다. 8월 엘리자베스 쇼와 결혼, 뉴욕에 신혼살림을 차리다.

1849년

2월 장남 맬콤 출생. 3월 런던에서 『마디』(미국판, 4월) 출간되다. 10월 런던에서 『레드번』(미국판, 11월) 출간되다. 같은달, 『화이트 재킷』의 원고를 들고 출판 교섭 차 런던에 감. 11월 파리

와 독일 여행.

1850년

2월 여행을 단축하고 귀국, 곧 이어 『모비딕』 집필 시작하다. 7월 「호손과 그 이끼」를 쓰고, 호손을 처음 만나다. 피츠필드에 농장을 구입하고 애로우헤드라고 이름 짓다.

1851년

10월 둘째아들 스탠윅스 출생. 10월 런던에서 『고래』(제목을 『모비딕』으로 바꾼 미국판, 11월) 출간되다.

1852년

7월 미국에서 『피에르』 출간.

1853년

5월 첫딸 엘리자베스 출생. 봄에 『십자섬』이라는 제목의 작품을 탈고하고 하퍼즈사에 출판 교섭을 했으나 실패하다(아직까지 이 원고가 발견되지 않고 있어서 멜빌 자신이 파기한 것으로 추정됨). 「서기 바틀비」를 시작으로 『퍼트남』지와 『하퍼즈』에 단편을 연재함.

1854년

7월 『이스라엘 포터』를 『퍼트남』지에 연재하기 시작하다.

1855년

3월 프랜시스 출생. 같은 달 『이스라엘 포터』가 단행본으로 출간되다.

1856년

5월 『회랑 이야기』 출간. 10월 장인 레뮤엘 쇼의 주선으로 유럽과 중근동 일대를 돌아볼 계획으로 요양 여행을 떠나다.

1857년

4월 『사기꾼』 런던과 뉴욕에서 출간되다. 5월 여행 마치고 귀국. 11월 순회강연을 시작함.

1858년

계속 순회강연을 했으나 좋은 평판은 얻지 못함.

1860년

5월 동생 토마스가 선장인 배를 타고 케이프 혼을 돌아 샌프란시스코까지 여행하고 11월에 돌아오다. 그 동안 쓴 시들을 모아 출판하고자 했으나 실패함.

1861년

해외 영사 직 구직 차 워싱턴 방문. 3월 장인 레뮤엘 쇼 사망. 남북전쟁 발발.

1863년

10월 피츠필드를 떠나 뉴욕으로 이주.

1866년

8월 『전쟁 시편』 출간. 12월 뉴욕 세관에 부검사관으로 취직.

1867년

11월 첫아들 맬콤 권총 자살.

1876년

6월 장시 『클래럴』 출간.

1885년

12월 31 세관에서 은퇴하다.

1886년

2월 둘째아들 스탠윅스 사망. 틈틈이 『버건디 클럽』과 『빌리 버드』 집필.

1888년

12월 『존 마아와 선원들』 출간.

1891년

6월 『티몰리언』 출간. 9월 28일 심장발작으로 사망.

모비딕 읽·기·의·즐·거·움
진실을 말하는 위대한 기예

초판 인쇄 | 2005년 6월 20일
초판 발행 | 2005년 6월 30일

지은이 | 신문수
펴낸이 | 심만수
펴낸곳 | (주)살림출판사
출판등록 | 1989년 11월 1일 제9-210호

주소 | 110-847 서울시 종로구 평창동 358-1
전화 | 02)379-4925~6
팩스 | 02)379-4724
e-mail | salleem@chollian.net
홈페이지 | http://www.sallimbooks.com

ⓒ (주)살림출판사, 2005   ISBN 89-522-0391-7 04800
                         ISBN 89-522-0394-1 04800 (세트)

* 잘못된 책은 구입하신 서점에서 바꾸어 드립니다.
* 저자와의 협의에 의해 인지를 생략합니다.

값 7,900원